"こっすん"直伝

KOSSUN教育ラボ 代表
小杉樹彦
TATSUHIKO KOSUGI

AO・推薦入試の黄本

受験でも人間関係でも要になる
人生の4つの キ ホ ン

新評論

⌛人生をよりよく生きたいすべての人へ⌛

TIME IS MONEY.

「時はカネなり」という言葉がありますが，これはひとむかし前の話。

TIME IS **LIFE**.

時間は命の断片です。「志の時代」といわれる21世紀，
これからは効率性よりも「**どう生きるか**」が問われます。

この先，あなたはどうやって自分の命をつかっていきますか？

その答えとしていま，「進学」を考えたあなた。
ホントにその大学「デ，イイ」ですか？
もし，あの大学「ガ，イイ！」って受験にしたいなら，
少しだけ私の話に耳を傾けてみてください。

この紙上授業は，私がAO・推薦入試専門塾で
1000人以上の受験生といっしょにつかみとってきた合格体験と，
その先にある，**未来を叶えるためにたいせつなキホン**を集大成したものです。

この授業を受ければ，受験だけじゃなく，
家族，友人，恋人といった人間関係が円滑になり，
よりよく生きるためのヒントがきっとみつかるはずです。

AO入試・推薦入試って？

　授業に入る前に，そもそも「**AO入試**」「**推薦入試**」とはどんな試験なのか，カンタンに解説しておきたいと思います。

　いま，大学受験界は変革期を迎えています。およそ2人に1人は，一般入試「**以外**」で入学する時代がやってきました。

　2016年度からは，東京大学が「推薦入試」を，京都大学が「特色入試」を全学部で実施することになりました。

　多くの受験生にとって，AO・推薦入試は，志望校合格のチャンスを拡げる選択肢の一つになったといえるでしょう。

　AO入試とは，基礎学力に加えて，書類審査・小論文・面接などで，受験生の個性や適性，意欲などを総合的に評価する入試です。ほとんどの場合，「校長先生の推薦」は不要です。

　一方，**推薦入試**は，校長先生に推薦された人のみが受けられる入試です。さらにそのなかで「指定校制推薦」と「公募制推薦」の2つに分かれます。

　公募制推薦入試とは，大学が提示した出願条件をクリアし，校長先生の推薦が得られれば，全国どこの高校からでも出願できます。

　指定校制推薦とは，大学が指定した特定の高校から，人数を制限して出願を受けつける入試です。

　つまり，ザックリいうと，**AO入試は自分で自分を推薦する入試である**のに対し，推薦入試は高校に推薦してもらう入試，ということができます。

　別のいいかたをすれば，**AO入試は自分の売りこみ方しだいで入学後に期待をかけてもらうことができる「未来の推薦」**，推薦入試は学校の成績や課外・委員会活動などを評価する「過去の推薦」，といえるかもしれません。自分にはどの入試方法が合っているのか，じっくり検討してみてください。

　なお，この本は，**AO入試と推薦入試に共通して必要となる「キホン」**をカバーする内容となっています。

AO・推薦入試の黄本 ❖ もくじ

人生をよりよく生きたいすべての人へ　　1

AO入試・推薦入試って？　　2

朝礼　すべての問題はコミュニケーションで解決できる　　5
〜4つのキホンで受験も人間関係もうまくいく〜

1時間目：「**思考力**」のキホン　〜アツい思いとクールなアタマ〜　　13

1　志望理由書が書けないのは，志望してないから
2　未来を引きよせる魔法のキャリアデザインシート
3　論理的思考がカンタンにデキる最強のフレームワーク

2時間目：「**文章力**」のキホン　〜「伝わる文章」にセンスは不要〜　　61

1　審査官が思わず感動してしまう究極の文章術
2　短期間で文章力を飛躍的に向上させる王道とは？
3　たった1％の差であなたの文章は劇的に良くなる

3時間目：「**会話力**」のキホン　〜話す力より，「聴く力」〜　　101

1　大学受験と就職面接はまったくの別モノ
2　面接で意識すべきは，「伝え方」と「見た目」
3　「質問の意図」をくみとることが上手な会話のコツ

🕐 4時間目:「**管理力**」のキホン 〜人事を尽くして天命を待つ〜　133

   1　逆算方式で成功をつかむ「時間管理術」
   2　ピンチをチャンスに変える「危機管理術」
   3　人生を120％謳歌するための「健康管理術」

 **成功の反対は,「失敗」じゃなく○○**　159
〜あなたがなにもしなかった今日は,だれかが願っても叶わなかった明日〜

おわりに　163

白熱教室の続きはコチラから！　KOSSUN 教育ラボのご案内　165

【巻末付録】大学・学部別 AO・推薦入試の概要　167

早稲田大学　168
慶應義塾大学　169
上智大学　170
国際基督教大学（ICU）　171
明治大学　172
青山学院大学　173
立教大学　174
法政大学　176
関西大学　177
同志社大学　178
立命館アジア太平洋大学　179
筑波大学　180
横浜国立大学　181

朝 礼
すべての問題はコミュニケーションで解決できる
～4つのキホンで受験も人間関係もうまくいく～

突然ですが，質問です！
「**成功**」の反対って，なんだと思いますか？
先にいっちゃいますけど，ココでの答えは，「失敗」じゃありません。
理由は，今日の4時間の授業が終わればわかります。最後に正解を発表しますが，ぜひ，考えながら授業を受けてみてください。
おっと，申し遅れました（汗）
改めまして，こんにちは！ 今回の授業を担当する，小杉 樹彦 と申します。みんなからは，**こっすん**って呼ばれてます。どうぞよろしくお願いします。

☺生徒一同：よろしくお願いしまーすっ！

おっ！ ありがとうございます！ みんな元気がイイですね！
さてさて，この授業，タイトルには「AO・推薦入試」とありますが，**中身は受験と人間関係についてのお話**です。
ですから，AO・推薦入試を考えてる受験生だけじゃなく，一般入試受験生や短大・専門学校受験生まで含めた，**進学を考えるすべての受験生**に受けてもらいたいと思ってます。
さらに，受験生だけじゃなく，次のような悩みを抱えた人にもオススメです。

- 将来について考えてるケド，このままでイイのか不安。
- 気になる異性がいるケド，うまく気持ちを伝えられない。
- 家族や学校の友人との関係がうまくいってない。

😄タケシ：ぼく，ぜんぶあてはまってます！
〔注：以下，生徒の発言者代表として，タケシさん，ミノリさん，ハヤトさんが登場します〕

そうですか。それなら，ぜひ伝えたいことがあります。それは，
「あらゆる問題はコミュニケーションで解決できる」
ということです。

😄ハヤト：えぇ !? 受験も人間関係も，根はいっしょってことですか？

ハイ，受験も人間関係も，キホンは同じです。
ココでいう，コミュニケーションを実践する能力っていうのは，たんにその場をうまくしのぐ力じゃありません。いろんな要素が含まれてるんです。
古代ギリシャ時代には，哲学者のアリストテレスがこんなことをいったそうです。
「人に伝わる話には，ロゴス，パトス，エトスの３つが重要である」。

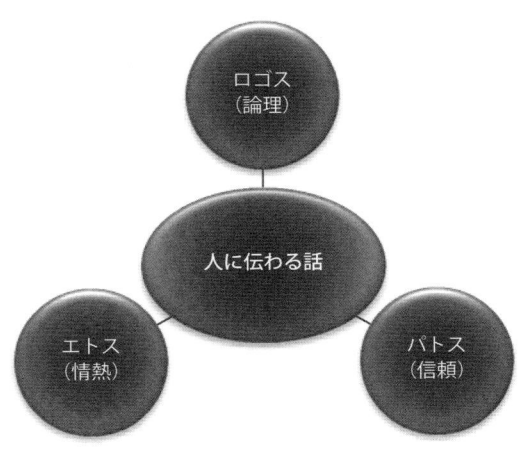

☹ハヤト：んん？ ロゴス？ パス…タ？

パスタじゃないですよ（笑） ロゴス，パトス，エトス。

☹ミノリ：なんかの呪文みたいで，よく意味わかんない（汗）

日本語でいいかえると，きっと聞いたことのある言葉のはずです。
ロゴス，パトス，エトスとは，**論理**，**信頼**，**情熱**のことです。

☺ハヤト：あぁ，それならわかります！ だけど，いくらアリストテレスがいったからって，そんな昔のこと，この時代に通用するんですか？ もうとっくに時代遅れなんじゃ…？

　ホントにそうでしょうか？ 人のココロを動かすコミュニケーションって，時代を超えても変わらないものですよ。
　コミュニケーションには，人と人をつなげる力があります。よりよい関係性を築くためには，相手を思いやり，自分も楽しむことがたいせつです。

受験でつい忘れがちですが,「**楽しく**」っていうのはとても重要なキーワードなんです。受験だけでなく,人生のあらゆる営みは,苦行になっちゃったら長続きしませんよね。

　日常のコミュニケーションをだいじにすることで,楽しみながら問題に向かっていくことができます。それによって,あなたのまわりには自然と人が集まり,助け合いの輪が広がります。そうなると,望んだ結果もおのずとついてくるんです。

　私は現代においても,受験,いや,人間関係全般で,こういうことがいちばん重要な**コミュニケーションの本質**だと考えています。

　☺タケシ：なるほど〜。ぜんぜん関係ないようで,じつはつながってるんですね。でもぼく,コミュニケーションにはあんまり自信ないからなぁ…

　だいじょうぶ,コミュニケーション力は,ダレでも磨くことができます。

　ここで,AO・推薦入試はもとより,あなたの未来を切り拓くために必要なコミュニケーションの要素をご紹介しましょう。それは,次のような **4つのキホン**から成っています。

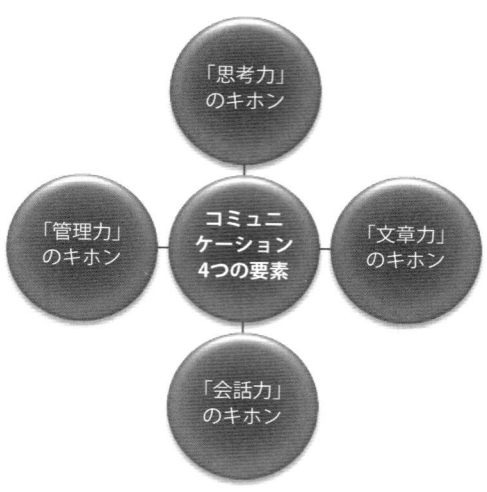

本日の授業の時間割は，この4つのキホンに沿って次のようになっています。

1時間目は，「**思考力**」**のキホン**についてお話しします。ココでは，あなたの「なんとなく」を解消するために，論理的に考え，思いをまとめる力を身につけます。

2時間目は，「**文章力**」**のキホン**についてお話しします。ココでは，あなたが伝えたい内容を感動的に書く力を身につけます。

3時間目は，「**会話力**」**のキホン**についてお話しします。ココでは，相手の意図を汲みとりながら話を聴き，的確に応答する力を身につけます。

4時間目は，「**管理力**」**のキホン**についてお話しします。ココでは，人生のあらゆる壁をムリなく乗り越えるためのマネジメント力を身につけます。

この4つのキホンを極めれば，受験をはじめ，就活や仕事，家族，友人，恋人といった人間関係まで，いまよりずっとうまくいくようになるはずです。

ハヤト：あの〜，ところで…タイトルが「黄本」ってなってますけど，「基本」のまちがいじゃないんですか？

いいえ，「黄本（キホン）」で合ってます。これからお話しするコミュニケーションの「基本」と，「黄色い表紙の本」をかけたんです。

各大学の過去問をまとめた「赤本」は，大学受験対策の王道ですよね。しかし，AO・推薦入試対策では，「赤本」は直接的には役に立ちません。ペーパーテストだけで合否を判断する一般入試のように，あらかじめ決まった一つの答えが用意されているわけではないからです。

AO・推薦入試には，「こうすれば必ず受かる」といった正解は存在しません。でも，だからこそおもしろいし，奥が深い。対策をすればするほど，自分を深く掘り下げることになるし，そこで発見した新しい自分を志望校にぶつけるという，チャレンジの喜びもあるんです。

私は，AO・推薦入試対策を通じて，その後の人生に役立つコミュニケーションのキホンが身につくと信じています。「人生のキホン」だから，有名な基礎学

力の参考書「黄チャート」にならって,「黄本」としたわけです。
　この「黄本」が,みなさんにとって,未来を切り拓くための道しるべになれば幸いです。

　☺ミノリ：なるほど〜。黄本にキホンがいっぱい詰まってる,ってことなんですね！ じゃあそのキホン,早く知りたいです〜！

　それじゃあ,お待たせしました！ あなたの未来を変える奇跡の授業のはじまりです！

行列のできる白熱教室・紙上実況中継！

"こっすん"直伝

AO・推薦入試の黄本

受験でも人間関係でも要になる人生の4つの**キホン**

小杉樹彦

1時間目：
「**思考力**」のキホン
~アツい思いとクールなアタマ~

1　志望理由書が書けないのは，志望してないから　　　　　　　　　　14
- 社会が変わって，求められるジンザイも変わった
　　——「自分のアタマで考えて行動できる人」の時代………14
- すべての受験生が志望理由書を書くべきだ
　　——志望理由書は「人生の設計図」である………18
- ウソも10000回いつづければホントになる
　　——紙に書いて唱えれば不思議と願いは叶う………22
- 自己分析&志望校研究からはじめよう
　　——敵を知り，己を知れば百戦危うからず………26

2　未来を引きよせる魔法のキャリアデザインシート　　　　　　　　　29
- 【過去編】「きっかけがない」はウソ
　　——きっかけがないなら探せ………29
- 【現在編】自己分析にゴールはない
　　——自分でわかってる自分はたった1割？………36
- 【未来編】重要度は「過去＜未来」
　　——大学がほしいのはリーダーの資質を持った人………41
- 【志望校編】「受験は情報戦」のワナ
　　——人に会い，足をつかって調べた情報に価値がある………48

3　論理的思考がカンタンにデキる最強のフレームワーク　　　　　　　55
- フレームワーク①「SWOT分析」
　　——あなたの現状を客観的に把握しよう………55
- フレームワーク②「なんで5回」
　　——トヨタでもつかわれている原因究明ツール………56
- フレームワーク③「ロジックの木」
　　——全体像を俯瞰できれば要点がみえてくる………58

1. 志望理由書が書けないのは，志望してないから

社会が変わって，求められるジンザイも変わった
――「自分のアタマで考えて行動できる人」の時代

　日本ではじめて AO 入試が導入されたのは，1990 年ごろのこと。ちょうどその時期に**インターネット**が普及しはじめ，社会のあり方も変わっていきました。たとえば，人々の働き方です。
　それまで，日本ではいわゆる「終身雇用」「年功序列」といった制度のもとで人々が働いていました。

　😟ハヤト：シュウシンコヨウ…？　ネンコウジョレツ…？

　終身雇用とは，定年までずっと同じ職場で働くことができる制度です。
　年功序列とは，勤めた年数や年齢に応じて，役職やお給料の額を決める制度です。

　🙂タケシ：つまり，あらかじめ決まったコースがあったわけですね。

　そうなんです。でも，いまの時代はちがいます。働き方はさまざまです。そうなると，社会で求められるジンザイも変わってきます。

　😟ミノリ：なにをやるにも，インターネットでちゃちゃっと調べれば，スグに情報が手に入りますよね。とっても便利だなって思います。でも，そんなふうに情報に不自由のない社会では，どんなジンザイが求められるんでしょう？

　ズバリ，それは，**自分のアタマで考えて行動できる人財**です。

☺ハヤト：あれ，「材」が「財」になってますが…これも，「黄本」と同じで，あえてこうしてるんですか？

ハイ，これでイイんです。
ここで，「4つのジンザイ」の話をしましょう。
ジンザイには「人罪」「人在」「人材」「人財」の4つがあり，それぞれ意味がちがいます。

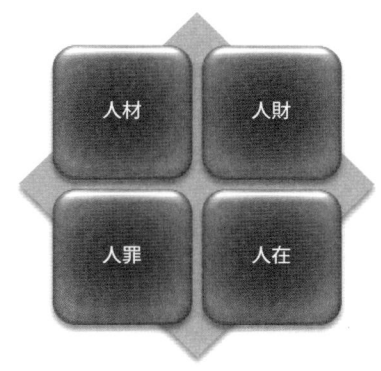

まず，**人罪**は，人に迷惑をかける人。
たとえば，自分だけよければそれでイイって人ですね。
次に**人在**は，ただそこに存在するだけの人。
ポツンと立ってるだけで，なにもしない人ですね。
3つ目の**人材**は，一通りのことが一人前にできる人。
一般的にジンザイといえば，この字を書きますよね。ただし，この場合，同じ能力があれば別のダレかでもイイわけです。人材の「材」は，材料の「材」と同じ字です。つまり，換えがきくってことなんです。
最後に**人財**は，財産となる人。
周囲の人たちから，「あなたじゃないとダメなんだ」「あなたの代わりはいな

いよ」，そういってもらえる人です。このレベルになると，自分のアタマで考えて行動できるから，つねにまわりから頼りにされます。社会で求められ，活躍できるのはこの「人財」です。

　現代の大学は，社会で活躍する人を育てることを求められています。ですから，社会でも大学でも，求められる人物像の根本的な部分は同じなんです。

　大学はこうした人財を集める手段として，AO・推薦入試を実施するようになりました。

　ザックリいえば，**AO・推薦入試で求められる人＝社会で求められる人**です。みなさんには，ぜひ人材ではなく「人財」をめざしてもらいたいと思います。

　じゃあ，どうすれば「人財」になれるのか。インターネットの発達で，いろいろなことがほんとに便利になりました。でもいまだに，ほんとうにだいじなことはググっても出てきません。そのだいじなものを持ってる人こそ，これからの時代に求められる「人財」です。

　私はそのだいじなものの一つが，これからお話しする「思考力」だと思ってます。

　☺ミノリ：そもそも，なんで思考力がたいせつなんですか？

　その「そもそも」って視点，とてもイイですね。スタートに戻って「なぜ」を考えることは，思考力の訓練になります。

　さて，なぜ思考力がたいせつか，ですね。思考力は，あなたを成長させるだけでなく，世の中を良くする原動力にもなるからです。

　考える力があれば，ピンチに陥っても自力でなんとかできる可能性がでてきます。それに，ダレかが困ってるときでも，思考力があれば手助けすることができます。

　☺ハヤト：そうかぁ！　そんな力が身についたら，一生の宝物になりますね。

そうなんです。思考力は、これからの長い人生でふりかかってくる難題を乗り越えるときの強力な武器になります。ココではその向上に向けて、あなたがふだんなんとなく感じてることを明確にするために、**論理的に考え、思いをまとめる力**を身につけていきます。

> すべての受験生が志望理由書を書くべきだ
> ──志望理由書は「人生の設計図」である

　論理的に考え，思いをまとめられるようになるには，アタマはもちろん，手も動かしてもらうことになります。

　😊タケシ：え〜，なにを書くんですか？

　のちほど紹介する「キャリアデザインシート」に取り組んでもらいながら，スグに志望理由書に着手してもらいます。
　AO・推薦入試ではたくさんの書類を書くことになりますが，そのなかでも，いちばん重要なのが志望理由書です。その理由は**3つ**あります。
　第一に，志望理由書は書類審査の中核を担うものだからです。
　志望理由書は，ほぼすべての大学で求められます。AO・推薦入試をめざす受験生にとって，避けては通れない道です。
　大学によっては，「志望動機書」「志願理由書」「キャリアプランニング」なんて呼ぶところもありますが，名前はいろいろでも，求められることはすべて同じと考えてイイでしょう。

　🙂ハヤト：なんらかのカタチで，志望理由を示す必要があるってことですね。

　ハイ，なかには書類選考で，志望理由書をまっさきに読んで脈アリと判断した場合のみ，その他の書類に目を通すなんて大学もあるようです。
　そうした意味でも，AO・推薦入試を受験するうえで，もっとも重要な書類といってイイでしょう。
　第二に，面接では志望理由書に沿って質問されるからです。
　志望理由書は，一次試験の書類審査における要であると同時に，二次試験にも用いられることの多い，とてもだいじなものです。テキトーに書いて提出し

てしまうと，あとでとりかえしのつかないことにもなりかねません。
　実際に，面接では志望理由書に書いたことを中心に質問されます。ですから，書類選考が終わったからといって，書いたことをキレイサッパリ忘れるなんてことがあっちゃイケません。面接までのあいだに，自分が書いた志望理由書の内容をきっちりアタマにたたきこんでおく必要があります。

　😐ミノリ：面接官は，志望理由書をみながら質問するのかぁ〜

　ハイ。ですから，ちょっとだけ高等なワザになるんですが，志望理由書のなかに，いくつかフックをしかけておくと有効です。

　😐タケシ：フック？　なんのことですか？

　ココでいうフックとは，読んだ人が思わずあなたに直接質問したくなるような「しかけ」です。あえて穴をつくっておくってことですね。
　続きが気になって読みたくなるようなフックを用意できるかどうかで，審査官の精読率が大きく変わってきます。
　さて，志望理由書がたいせつな第三の理由は…

　😐ミノリ：あのぅ…キホン的な質問で恐縮なんですが，そもそも，志望理由書ってなんですか？

　あ，そうでしたね。そもそもの説明をすっかり忘れてました。スミマセン。なにかわからないことがあれば，その場で気軽に質問してくださいね。
　志望理由書とは，一般的には「自分がその大学に入りたい理由や意志を説明する文書」といったように説明されています。
　ですが，私の授業での定義はちがうんですよ。私の授業では，志望理由書を**「人生の設計図」**と定義します。

これは，志望理由書がたいせつな第三の理由につながります。
　第三に，志望理由書はあなたの人生の羅針盤になるからです。
　じつは，私といっしょに入試対策をした受験生たちの多くが，合格してからも志望理由書を書き直して，わざわざみせにくるんですよ。なんでだかわかりますか？

　☺ハヤト：こっすんが鬼コーチだから？

　いえいえ，そんなことないと思いますよ（汗）
　最初は「イヤだ〜」「書けない〜」っていってた受験生も，何枚も書き直すうちに，どんどんハマっていくんですよ。そうして最終的には，受かってからも「書き直したんですケド，みてもらえませんか？」っていってくるんです。毎年この変化には驚かされます。
　志望理由書はつねに「たたき台」であり，「これで完成」ってことはありません。その意味で，入学してからもバージョンアップする志望理由書は，人生の設計図といえるわけです。

　☺タケシ：でも，ぼくの受験する大学は志望理由書を提出する必要ないんで，書かなくてもイイですよね？
　☺ミノリ：私もいまのところ，一般入試しか考えてないから，書く必要ないかな。

　志望校で求められてるから仕方なく書くっていうのは，なんともさみしい話じゃありませんか？
　そもそも，AO・推薦入試のためだけになにかをするっていうのは，おかしな話です。「受験のためだけになにかをする」のは，もうやめにしましょう。
　志望理由書を練るという作業自体を，学びの過程としてとらえるんです。そうすることで，志望理由書をつくるプロセス自体にも意味を見いだすことができます。

☺ハヤト：そうか…ついつい目先のことに気がいっちゃいますが，もっと大きな視点でみるべきですよね。

　志望理由書づくりを通じて，自分が将来めざしたいものや，その大学じゃなければならない理由がみえてくれば成功です。
　いざ志望理由書を練りはじめると，迷いや壁にぶつかるはずです。たんに出願に必要な書類であるということを超えて，自分の価値観や生き方といったものにまで思いをはせることもあるでしょう。
　そのプロセスを学ぶ機会として活用することで，あなたの受験の目的が，入試だけじゃなく，その先にある未来を叶えるためのステップになるんです。
　ですから，提出の要不要に関係なく，AO・推薦入試受験生はもちろん，一般入試受験生も含めて，すべての受験生に志望理由書を書いてもらいたいんです。
　ちょっとでも受験がアタマに浮かんだ人は，ぜひ志望理由書を書いてみてください。そして，なんども書きなおすうちに，なんとなくモヤモヤしてた将来への思いがきっと言葉になっていくはずです。

　☺タケシ：そのプロセスを通じて，論理的に考え，思いをまとめる力が養われるってことですね。

　その通りです。だから，この授業を受けてくれてるみなさんには，まずは志望理由書を書くところからはじめてもらいたいんです。

> ウソも10000回いいつづければホントになる
> ─紙に書いて唱えれば不思議と願いは叶う

　😊ミノリ：う〜ん，私の場合，もう志望校は決まってるんですけど，理由を書けっていわれると，書けないですね…

　ふむふむ。もしあなたが，「書き方」以外のことでむずかしいと感じてるなら，その理由は単純明快。あなたが**ホントはその大学を志望してないから**です。

　😊ミノリ：なにいってるんですか⁉ メチャクチャ行きたいと思ってますよ！

　じゃあ，質問しますが，なんでその大学に行きたいんですか？
　もしかしたら，それはあなたの思いこみかもしれませんよ。胸に手をあてて，よ〜く考えてみてください。その大学に行く必然性って，ありますか？ ほかの大学でもよかったりしませんか？

　😊ミノリ：それは，えっと…うぅ…

　もちろん，みなさん行きたいって気持ちはあるんですが，「その大学でなければならない理由」を明確に答えることは，なかなかできないんですよね。
　やる気や熱意だけじゃ，ほかの受験生と差はつきません。だって，それはみんなも持ってるんですから。
　「この大学のほうがイイから」，つまり「**志望大学＞他大学**」なんて，比較級じゃ説得力がありません。「ほうがイイ」なんて表現じゃ，まだまだ弱いです。
　「なにがなんでも○○大学じゃなきゃダメだ！」
　「○○大学以外なら，進学する意味なんてないよ！」
　って，いいきってしまえるくらい強い理由が必要です。ベターではなく，ベストな理由，つまり，**その大学でなければならない理由**を書くべきなんです。

☺ハヤト：そうはいっても，強引につくったきっかけじゃ，なんだかウソっぽくなっちゃいませんか？

ウソかどうかは問題じゃありません。きっかけを本心にすることがだいじなんです。

　はじめから明確な志望理由があるとはかぎりません。むしろ，「なんとなく」ってことのほうが多いかもしれません。スタートはそれでもイインです。

　かりにはじめは心の底から思ってるわけじゃなかったことでも，1万回いいつづければ，ホントになるんです。そして，志望理由書を書くことでモチベーションが上がっていくんです。書けば書くほど，ホントになっていくんです。

　よく，「志望理由書にウソを書いてもイインですか？」なんて質問してくる受験生がいます。もちろん，虚偽の記載はバレたら合格取り消しになっちゃいますから，ゼッタイやっちゃイケません。

　でも，志や志望理由については，はじめは半信半疑の状態でも，なんの問題もありません。「ウソからでたまこと」ってことわざもあるくらいですから，むしろ書くことでそれをホントにしていくことがだいじです。

　くりかえします。**ウソも1万回いいつづければ，ホントになるんです。**

　『天使にラブソングを 2』っていう，私のお気に入りの映画があります。そのなかで，ウーピー・ゴールドバーグ演じる主人公の修道女が，母親に反対されて聖歌隊に入るのをためらってる少女に，リルケの話をします。リルケっていうのは，オーストリアの詩人ライナー・マリア・リルケです。彼の『若き詩人への手紙』という本の一節を引用して，少女の背中を押すんですね。

　そのときの主人公のセリフがこうです。

> A fellow used to write to him and say:
> "I want to be a writer. Please read my stuff."
> And Rilke says to this guy:
> "Don't ask me about being a writer.
> If. When you wake up in the morning, you can think of nothing but writing...then you're a writer."
> I'm gonna say the same thing to you. If you wake up in the mornin'and you can't think of anything but singin' first...then you're supposed to be a singer. Girl.

訳は，こんな感じです。

> リルケはあるとき，ある若者から，『詩人になれるかどうか，作品を読んでください』っていう手紙を受けとったの。
> リルケの返事はこうよ。
> 「それを決めるのは，私ではありません。朝，あなたが目ざめた瞬間，詩を書くことしか頭になかったら，あなたは詩人なのです」
> 私，あんたにも同じことをいいたいの。朝，目がさめたとき，歌うことしか頭に浮かばなかったら，あんたは歌手になるべきなのよ。

これ，私がみなさんにいいたいことでもあるんです。
　あなたが一日中，そのことを考えつづけてれば，次第にそれは行動となり，いつか思いが現実のものになるんです。

　😊ミノリ：わかりました！　志望理由を毎日考えつづけて，「ホント」にします。

　ちょっと前に，この章では手も動かしてもらうっていいましたが，「考える」ことが苦手な人って，「書く」ことをしないんです。頭のなかだけで考えて，わ

からなかったらスグあきらめちゃうんですよ。

　人間ってホントに不思議なもので，紙に書くとだんだん冷静になって，考えがまとまるんです。書くと問題を客観視できるようになるんですね。この「書いて考えをまとめる」って作業が，とってもたいせつなんです。

　あのサッカー日本代表の本田圭佑選手が，小学校の卒業文集で，将来の夢を「イタリアのセリエAに入団して，世界一のサッカー選手になること」って書いた話，知ってるでしょう？　彼はそのとき，映像としてイメージできるくらい，自分の将来像をくわしく思いえがいたそうですよ。しかもその夢を現実にしつつあるわけですから，スゴイですよね。

　みなさんも，将来なりたい自分の像を，紙に文章で書いてみてください。そして，書いた文章を声に出して読んでみてください。それをくりかえすことで，しだいに志を具体的に表現できるようになります。はじめは半信半疑だった夢や志が，1万回となえられることで，いつかホントになるんです。

　☺タケシ：こっすんがそこまでいうなら，さっそく今日からやってみます！

自己分析&志望校研究からはじめよう
──敵を知り，己を知れば百戦危うからず

😊ハヤト：とはいっても，むずかしいなあ…いざ書こうとすると，アタマのなかがゴチャゴチャで，手が動きません。まるでお地蔵さん状態…

悩んでますね。ココはじっくり腰をすえて取り組んでもらいたいです。「ムリ」「ダメ」「できない」とあきらめてしまったら，道は拓けません。必ずできると信じて，書きつづけましょう。

よく「自分探しの旅」なんていいますが，そんなもん，探してもみつかりっこありません。だって，「自分」とか「天職」って，探すものじゃなく，つくるものなんですから。

ちょっと次の絵をみてください。

😊タケシ：お，なんだかおもしろい絵ですね。

これは，「ルビンの壺（つぼ）」っていう有名なだまし絵です。
ハヤトさん，この絵，なんにみえますか？

😊ハヤト：えっ？ フツーに「白い壺」じゃないんですか？

よ〜くみてください。壺にみえますが，2人の人が顔を向き合わせてるようにもみえませんか？

　☺ハヤト：う〜んと…あっ，ホントだ！　視点を変えるとそうみえてきた。

　ものの見方を変えれば，ちがった局面が現れます。このことはみなさん自身の「自分」にもあてはまります。いろんな角度から自分の内面と向き合うことで，「いままで知らなかった自分」に出会えあるはずです。
　中国の思想家・孫子に，「敵を知り，己を知れば百戦危うからず」っていう名言があります。

　☹タケシ：んん？　どーゆー意味ですか？

　「相手の力を見きわめ，自分の力を客観的に判断できれば，100回戦ったってピンチになることはありませんよ」ってことです。
　AO・推薦入試だって同じです。己を知り，相手を知れば百戦危うからず。
　なにからどう手をつければイイかわからない人は，まず**自己分析&志望校研究**からはじめましょう。
　「う〜ん」とうなる前に，パッと思いついたことでかまわないので，キャリアデザインシートに書いてみましょう。

　☹ミノリ：キャリアデザインシート？　なんか，むずかしそう…

　キャリアデザインシートは，あなたの過去・現在・未来と志望校について，考えを整理するための強力なサポーターです。
　「こうなりたい！」って思う未来の自分の姿，一生の仕事にしたいと思える天職を，具体的なカタチにするためのツールです。

次のページから，過去・現在・未来と，順に書き方を説明しながら，シートを書いてもらいます。最初はあんまり考えこまずに，箇条書きでサクサク進めちゃいましょう！　くりかえすうちに，あるときハッとひらめくことがありますから。

　準備はイイですか？　OK！　では，はじめましょう。

2. 未来を引きよせる魔法のキャリアデザインシート

> 【過去編】「きっかけがない」はウソ
> ──きっかけがないなら探せ

　まずは、あなたの「過去」を整理することからはじめたいと思います。
　部活、生徒会、ボランティア、資格・検定の勉強…あなたはいままでの人生を通じて、さまざまなことを体験してきたはずです。

　😓タケシ：ぼく、がんばってなにかに取り組んできたって経験が、あんまりないかも（汗）

　そうですか？　でも、なにかしら興味・関心を持ったことはあるはずです。思いだしてみてください。

　😊タケシ：そーいわれてみれば、音楽にはずっと興味を持ってきました。ケド、それにはたいしたきっかけもないしなぁ…

　それは「きっかけがない」んじゃなく、あなたがきっかけに気づいてないだけなんです。
　きっかけって、「コレがきっかけですよ～」みたいに、天から降ってくるわけじゃないですから、見逃すこともあるんです。だから、**「きっかけがない」はウソ**。ないなら探しましょう。音楽だって立派な経験です。
　「AO・推薦入試の対策って、結局なんなの？」と問われたら、私はこう答えます。それは「**気づくこと**」です。だいじなのは、自分できっかけに気づいて、それをつかむことなんです。
　みなさんこれまで、意識的かどうかは別として、人生でなんらかの活動をし

てきたと思います。ココではその**意味づけ**をしてください。興味を持ったときのことを，ストーリー化して，きっかけに意味をあたえるんです。

　あなたがなにげなくやってきたことでも，「じつはこのような意味があるんだ」っていうふうに，いちど整理してみるんです。綿密に立てた将来の計画に沿った活動じゃなくても，ずっと興味を持ってやってきたことなんですから，それ相応の意味が見いだせるはずです。

　過去をふりかえって，そうした意味づけ・意義づけを改めておこなうことで，
　「あぁ，じつはあの体験が，いまの自分に影響を及ぼしてたんだ」
　「コレがきっかけになってたんだ」
　というふうに，気づくことができます。これがすごくたいせつなんです。

　気づきをきっかけに，あなた自身の人生も少しずつクリアにみえてくるでしょう。これこそ，AO・推薦入試対策の大きな意義といえます。

　受験勉強って，この「気づき」のジャマになることが多いんです。親とか世間とか，外から強制されて，機械的に教科書の知識だけを詰めこみ，本人もそれが無条件に正しいことだと思いこんでると，自分できっかけをつかむという体験ができなくなりがちです。

　そういうのをいったん忘れて，ていねいに，冷静に自分の過去をふりかえってみてください。探せばきっと，あなたにしか語れない経験があるはずです。

　では，いまの話をふまえて，次の 5 つの質問に答えてみてください。本に直接書きこむのがイヤな人は，コピーしたり，答えだけノートに書いてもいいですよ。

魔法のキャリアデザインシート START！

❶ あなたが過去に達成したことを，学業，部活動，ボランティア活動など，ちがう分野で3つ挙げてください。また，それを達成するのにたいへんだったこと，苦労したことをおしえてください。そして，その苦労をどのような工夫や努力で乗り越えましたか？

❷ あなたのこれまでの人生で最大の失敗を挙げてください。また，いまならどのように対処して，その失敗を避けますか？

CAREER DESIGN SHEET

❸ あなたが中学・高校でいちばん楽しかったことはなんですか？

❹ あなたが中学・高校でいちばんつらかったことはなんですか？

CAREER DESIGN SHEET

❺ これまで長期休み（夏休み，冬休みなど）をどのように過ごしてきましたか？

【現在編】自己分析にゴールはない
——自分でわかってる自分はたった１割？

　次は，あなたの「現在」を整理していきましょう。
　「自分のことは自分がいちばんよくわかってる」と思う人も多いかもしれません。でも，心理学の分野では，**自分でわかってる自分はたったの１割**なんて話もあるそうです。

　😣ミノリ：たったの１割ですか⁉

　それくらい，自分自身のことって理解していないものなんですよ。
　とくに，自分の強み・弱みを知らないと，受験も人間関係もうまくいきません。人生において不利になるんです。そういう人は自分を客観視できないってことですから，他人に対しても自己基準でしか判断できないわけで，人間関係に問題をかかえることになります。
　自分の長所・短所をしっかり把握して表現することで，あなたのウリをアピールできるだけでなく，コミュニケーションの力を証明することもできるわけです。

　🙂ハヤト：あのー，コレって，まわりの人に聞きながらやってもイインですか？

　もちろんです。というか，ぜひ積極的にやってください。だれかに話すことで，自分についての「気づき」が次々とでてきます。紙に書くのと同じくらい効果がありますし，おたがいに気づきあえるという相乗効果もあります。ぜひ，仲間どうしで助けあいながら，自分自身をみつめなおしてみましょう。
　では，いまの説明をふまえて，次の４つの質問に答えてみてください。

CAREER DESIGN SHEET

❶ あなたが自分の強みだと思っていることはなんですか？ 2つ挙げてください。また，それはどのような場面で役立ちますか？

❷ あなたが好きなことはなんですか？ 3つ挙げてください。また，その理由もおしえてください。

❸ いま，いちばん関心のある社会の出来事を一つ挙げてください。また，その理由もおしえてください。

❹ あなたの将来の理想像をおしえてください。また，その実現に必要なことはなんですか？ 3つ挙げてください。

> 【未来編】重要度は「過去＜未来」
> ── 大学がほしいのはリーダーの資質を持った人

　つづいて，あなたの「未来」，すなわち，めざす方向性について整理していきたいと思います。
　AO・推薦入試では，大学がめざす方向性と，受験生の将来のビジョンが合うかどうかが最大のポイントです。受験生は，入学後，将来の夢の実現に向けてなにをしたいかについて，いろいろな角度から問われることになります。大学側の希望と受験生側の希望がマッチしなければ，合格できません。

　😊ハヤト：そうはいっても，AO・推薦入試って，過去の実績でほとんど決まっちゃうんじゃないですか？

　それはよくある，そして非常に深刻な誤解です。むしろ，AO・推薦入試は「**過去＜未来**」で評価されます。審査官がほんとうに知りたいのは，あなたの将来の可能性です。でも，将来のことをいま評価するのはむずかしいので，過去から分析するわけです。
　わりと多くの受験生が，「AO・推薦入試は過去で決まる」と思いこんでいて，失敗のモトになります。**受かる人は将来性をアピールするのに対して，落ちる人は過去の実績だけを自慢しちゃうんです。**
　もちろん，過去の実績も合否判断に必要な要素の一つではありますが，いくら突出した実績があっても，それだけじゃ合格できません。もっといえば，過去の実績よりも，どれだけ具体的な将来の目標を持ち，それに向けて現在どのような努力ができているか，といったことのほうが，はるかに重要視されるんです。

　😊ハヤト：未来重視なのかぁ〜。どの大学も共通して求めてる資質って，ありますか？

そうですね，**ほとんどの大学が求めているのは，「リーダー」です。**

リーダーとは，未来のビジョン（将来性）を語り，みんなをまとめることのできる人です。

大学は，研究を活性化できる人，探求心が豊かで，仲間といっしょに研究を深めていこうという意識が高い人，つまりリーダーシップのある人が大好きなんです。

かりに現在のあなたがそうじゃなかったとしても，あきらめないでください。あなたが思い描く「こうなりたい」という理想像が「リーダー」であれば，大学側の評価は高くなるってことです。

リーダーにもさまざまな種類があります。ここでは，あなたがめざすべき理想のリーダー像を考えてみましょう。

☺ミノリ：やっぱり，あるていど無難っていうか，現実味のあるリーダー像を示したほうがイインですかね？

その現実味ってのはいったい，ダレが決めるんでしょう？

現代はソーシャルメディアの台頭によって，個人が社会に発信することができる時代です。

しかも，会社法が改正されたことで，資本金1円で起業できるようになりました。

また，学問をやりたい専門学校生が，大学院に飛び級することも夢じゃなくなりました。

つまり，15, 16歳の高校生が，世界を相手に活躍できる時代です。たいせつなのは，自分で自分の限界を決めないこと。最初からダメだと決めつけて，自分で自分の可能性を閉じちゃイケません。「現実味」なんて，若者は考えなくてイイんです。

むずかしいからこそ，チャレンジする価値がある。まわりから無謀といわれ

たって，チャレンジしましょうよ。あなたの未来は，あなた自身の意思でデザインすることができるんですから。
　さぁ，それでは以上の話をふまえて，次の4つの質問に答えてみてください。

CAREER DESIGN SHEET

❶ 未来の目標を挙げてください。また，それをめざすに至った経緯はなんですか？

CAREER DESIGN SHEET

❷ 卒業後の自分を想像し，どのようになっていたいですか？

CAREER DESIGN SHEET

❸ 10年後の自分を想像し，どのようになっていたいですか？

CAREER DESIGN SHEET

❹ 20年後の自分を想像し，どのようになっていたいですか？

> 【志望校編】「受験は情報戦」のワナ
> ——人に会い，足をつかって調べた情報に価値がある

　自己分析をひととおりおこなったら，次は「志望校研究」です。
　私は受験生に，「あなたが志望校を研究するときに，まっさきに利用するものはなんですか？」という質問をしたことがあります。すると，圧倒的に多かった回答が「インターネット」でした。

　☺ミノリ：授業のさいしょでもいいましたが，いまの時代，検索すれば，たくさんの情報を一気に集めることができますもんね。

　たしかにそうです。でも，**ちょっと待ってください！**
　「受験は情報戦」なんていわれますが，ネットでの情報収集に頼りすぎるのは危険です。ネット上には，根も葉もないウワサもたくさんあるからです。
　しかも，みんなが利用できるってことは，いいかえれば，ダレでもカンタンに手に入る情報ってことですよね？　情報の価値を決める基準の一つは**希少性**（きしょうせい）です。多くの人が知らない情報にこそ，高い価値があるのであって，みんなが知ってる情報になんか，たいした価値はありません。

　☹タケシ：じゃあいったい，どんな情報がキショウなんですか？

　それは，**人に会い，足をつかって調べた情報**です。
　AO・推薦入試では，「とりあえず，いまできることから動いてみよう」と考えることができる人，つまり行動派であることが求められます。考えるのは，動きながらでイイんです。
　手はじめに，**オープンキャンパスに参加してみましょう。**
　なかには，オープンキャンパスへの参加を出願に必須の事項としている大学もあるので，注意が必要です。

でも，くれぐれもオープンキャンパスで一気に決めようと思わないこと。たった 2〜3 校見学しただけで，「ココにするっ！」ってスグに決断しちゃう人がいます。そんな人には，声を大にしていいたいです。
　「何百万円も払って，4 年間通い，一生涯にわたって母校になる大学を，そんなにカンタンに決めちゃってイイんですか？」と。
　世の中には，あなたの知らないたくさんの大学があります。志望校を確定する前に，できるかぎり多くの大学をみてまわってください。

　☺ミノリ：時期的に，私の志望校のオープンキャンパス，もう終わっちゃってるかも…どうしましょう（泣）

　ご心配なく，裏ワザがあります。**ふだんのキャンパスに潜入するんです！**

　☺ミノリ：えっ，そんなことして平気なんですか⁉

　だいじょうぶだいじょうぶ。みんな，もうすぐ大学に入学する年ごろなんだし，キャンパス内を歩いていたって，みとがめられたりしません。それに，見学目的の受験生なんて，むしろ歓迎されますよ。キャンパス内のふだんの様子や，学生の雰囲気なんかがわかってイイですよ。
　そうやって実地にキャンパスをみてまわることで，インターネットで入手した情報も，生きた情報になっていきます。「そうか，ネットで読んだあの学部の特徴は，こういうことだったんだ」っていうふうに，ふにおちるんですね。
　では，以上の話をふまえて，次の 4 つの質問に答えてみてください。

❶ あなたの志望大学・学部学科が掲げるアドミッション・ポリシー（教育方針）を挙げてください。

1時間目　「思考力」のキホン

CAREER DESIGN SHEET

❷ 志望する大学，学部学科を挙げてください。また，とくにそこで学びたいと感じている理由はなんですか？

❸ 入学後，学業以外でどんな活動がしたいですか？

❹ あなたが入学することで，志望校に対してどのような貢献ができますか？

…さて，キャリアデザインシート，いかがでしたでしょうか？

　☺タケシ：けっこうたいへんでしたが，取り組むうちにモヤモヤがスッキリしました！　すごくイイ気分です。

　前にお話ししたように，「書いて終わり」じゃ効果は半減。ココに書いた内容が「ホント」になるように，くりかえし音読してください。

　☺ミノリ：そうだった！　音読，重要ですね。毎日声に出して読みます。私，なんだか将来のビジョンが，少しずつだけどみえてきた気がします。
　☺タケシ：ぼくもです。これやってると，どんどんハマっちゃって，時間がスグすぎちゃいますね。

　集中するのはイイことなんですが，こういう自己と向き合う作業にゴールはありません。ときには，書いたものを少し寝かせて，時間をおいてまた取り組むといいですよ。短期間に集中して仕上げようとあせりすぎると，いいものはできませんから。

　☹ハヤト：ぼくは，まだぜんぜん手が動きません…（悩）

　なかなか筆が進まない人もいるでしょう。そこで，ココまで一生懸命考えたケド，どーしても思いうかばない，なんにも書けない，というあなたのために，**最強のお助けアイテム**を紹介します。
　これから紹介するお助けアイテム（**フレームワーク**）は，論理的な思考力を身につけたい人には欠かせないツールです。では，いきますよ！

3. 論理的思考がカンタンにデキる最強のフレームワーク

> フレームワーク①「SWOT分析」
> ——あなたの現状を客観的に把握しよう

最初は,「SWOT分析」です。

😥タケシ：スウォット…!?

1字ずつ説明しますね。「SWOT分析」の,
Sは, strengthsの頭文字で, あなたの**強み**。
Wは, weaknessesの頭文字で, あなたの**弱み**。
Oは, opportunitiesの頭文字で, あなたをとりまく環境のなかのチャンス。
Tは, threatsの頭文字で, あなたをとりまく環境のなかの障がい物, 脅威。

	好影響	悪影響
外部環境	強み Strength	弱み Weakness
内部環境	機会 Opportunity	脅威 Threat

　このフレームワークをつかって, 自己分析をしてみましょう。当てはめるだけで, きっと自分の「現在地」がみえてくるはずです。

フレームワーク② 「なんで5回」
―― トヨタでもつかわれている原因究明ツール

次は，あのトヨタ自動車でもつかわれている，「なんで5回」です。

☺ハヤト：これもまた，おもしろい名前ですね。どんなアイテムなんですか？

問題の原因を追究するためのフレームワークです。その名のとおり，「なんで？」を5回くりかえして，自問自答するんです。

テーマとなる問題をトップ事象に置いて，その事象を起こす原因をさがしていきます。そして，その原因の原因となったもの，さらにその原因となったもの…というふうに順に原因をつきとめて，「なんで5」の段階まで行くと，問題のもっとも深いところにある真の原因にたどりつくってわけです。

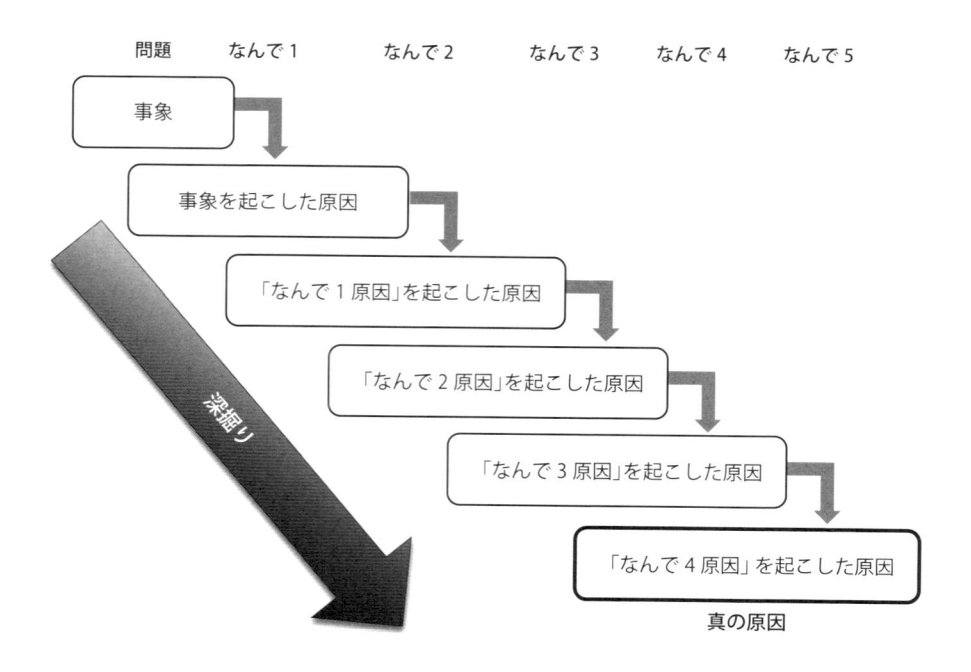

```
問題      なんで1    なんで2    なんで3    なんで4    なんで5

[事象]
    ↓
    [事象を起こした原因]
         ↓
         [「なんで1原因」を起こした原因]
              ↓
              [「なんで2原因」を起こした原因]
                   ↓
                   [「なんで3原因」を起こした原因]
                        ↓
                        [「なんで4原因」を起こした原因]
                                              真の原因
```

深掘り

このフレームワークをつかって，あなたの志望する研究分野の問題点を分析してみましょう。当てはめるだけで，きっと大学で研究すべき本質的な課題がみえてくるはずです。

　ためしに，「なんで5回」をつかって，志望する研究分野の問題点を分析した例を示しますね。

　たとえば，あなたが「日本の伝統産業の活性化を研究テーマにしたい」と考えているとします。そして，伝統産業の現状について，「職人不足」の問題（事象）を提起するとしましょう。

　まず，「なんで1」では，「職人をめざす若者が少ないから」と分析しました。

　次に，「なんで2」では，「なんで職人をめざす若者が少ないのか？」を問い，それは「職人の仕事が身近に感じられないから」と分析しました。

　同じように原因をたどっていき，「なんで3」では「専門職だから」，「なんで4」では「訓練された人しかできないから」と分析します。

　で，ラストが「なんで5」です。4の原因として，「ノウハウが一般化されていないから」という結論に達しました。

　そうなると，職人不足のもっとも深い原因の一つとして，「仕事のノウハウ化がむずかしい」という問題点があることがわかるわけです。

　どうです？　思いつきやすい原因から始めて，だんだん掘り下げていくから，だれにでもつかえるんですよ。

　☺タケシ：なるほど！　これなら，ぼくにもカンタンにつかえそうです。

フレームワーク③「ロジックの木」
── 全体像を俯瞰できれば要点がみえてくる

3つ目に紹介するのが,「ロジックの木」です。これは,ものごとの全体像を階層的に把握するのに役立つツールです。ものごとの原因と結果を,枝分かれした木で表します。

いちばん上層(図では左端)のボックスに,たとえば自分の将来像を入れます。そこから順に,その将来像のためにやるべきことを,枝分かれさせながら入れていきます。ここでのポイントは,

- 同じ階層内のボックスは,「重複せず,もれがない」項目になっていること
- 上から下に行くにしたがって,具体的なことがらになっていること
- 一つの階層内の事象は同じレベルであること

です。

「ロジックの木」のイメージ図

第1層　第2層　第3層

トップボックス

重複せず,もれがない

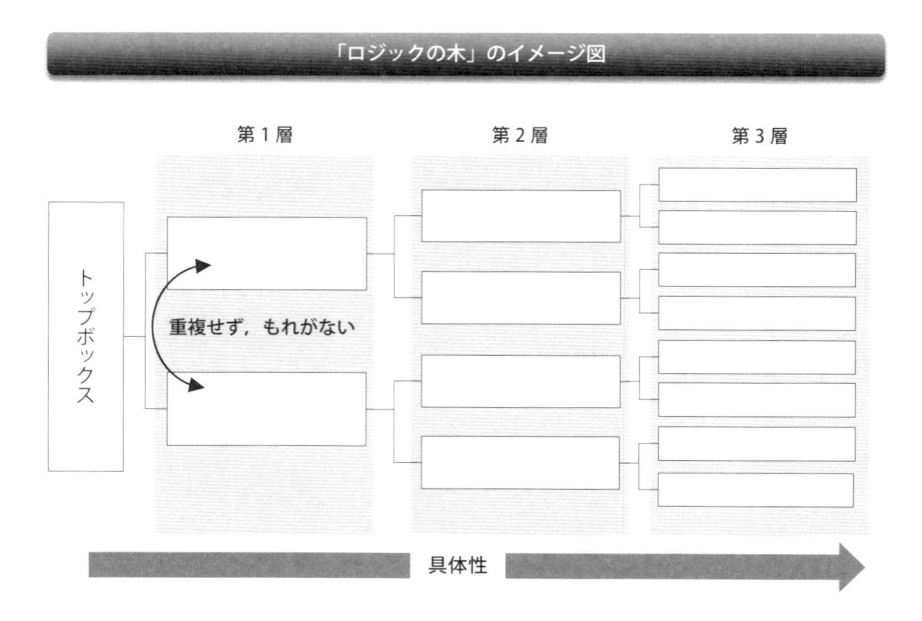

具体性

☺ミノリ：なるほど〜。こうやって枝分かれさせることで，どんどん具体化していくんですね。

　そう，たんに手段を思いつくまま列挙しただけじゃ，なにをすればイイのかわかりません。でもそれをロジックの木をつかって整理すると，なにをすればイイかが体系的に理解できるため，行動に移しやすくなるんです。右端のもっとも具体化した手段は，もっとも手をつけやすいことでもあるはずですから，そこからはじめてみればいいわけです。

　このフレームワークをつかって，未来のリーダーになるために必要なことなどを整理してみましょう。当てはめるだけで，きっとあなたがこれから身につけるべきものがみえてくるはずです。

　たとえば，トップボックスに「日本の法曹界のリーダーになる」って入れたとします。あ，「法曹界」っていうのは，法律にかかわる仕事をしている人たちの世界，ってことです。

　法曹界をひっぱっていく人物になるには，まず大きくいって，弁護士などの「法曹資格」と，「豊かな人間性」が必要になります。そして「法曹資格」を得るためには，「法科大学院の修了」と「司法試験の合格」が必要です。

　こんなふうに，やるべきことや可能な手段を，どんどん具体化させていくわけです。

　さてさて，ココでご紹介した3つのお助けアイテムは，つかってナンボ。「へぇ〜」と感心するだけじゃ，宝の持ちぐされになっちゃいます。ぜひ，実際につかって，自己分析を深め，志望理由書に生かしてください。その作業のプロセス自体が，あなたの思考力を高めてくれるはずです。

　あなたは，**知ってるだけの人**ですか？　それとも，**実地に知識をつかってみて，いろいろなことに役立てることのできる人**ですか？

　すべては，あなたの小さな行動一つひとつで決まります。

★Memo★
　1時間目で気づいたことや気になったことがあれば，ぜひメモしておいてください。

2時間目：「**文章力**」のキホン
〜「伝わる文章」にセンスは不要〜

1 審査官が思わず感動してしまう究極の文章術　　　　　　　　　　　　　62

- 「脱」マニュアルから「卒」マニュアルへ
  ──「守・破・離」を極めよう………62
- こっすん流「4部構成」を本邦初公開！
  ──1000人以上の合格者の経験から導きだした黄金律………65

2 短期間で文章力を飛躍的に向上させる王道とは？　　　　　　　　　　　90

- 「模写」こそ，最速の文章力向上トレーニング
  ──書いて，書いて，書きまくる！………90
- 最新の学習指導要領にはじめて追加されたこと
  ──68の大学で入試に採用されたお宝コラムとは？………91

3 たった1％の差であなたの文章は劇的に良くなる　　　　　　　　　　　93

- 「だ・である」調か，「です・ます」調か？
  ──どちらで統一すべきか，読み手をイメージして決める………93
- 専門用語，カタカナ語はできるだけつかわない
  ──その言葉の「定義」，わかってますか？………95
- 意外と知らない「御校」と「貴校」のつかいわけ
  ──「話し言葉」と「書き言葉」………96
- プリントアウトして全体をチェックする
  ──紙のほうがミスを発見しやすい………97

1. 審査官が思わず感動してしまう究極の文章術

> 「脱マニュアル」から「卒マニュアル」へ
> ──「守・破・離」を極めよう

2時間目は，文章力のキホンです。

受験でも，人間関係でも，人生のあらゆるシーンで，人は言葉で思いや考えを伝えます。黙っていてはなにも伝わりません。どんなに科学技術が発達したって，そのことは変わりません。文章で思いや考えを伝えるテクニックを身につけておくことは，みなさんの人生で決してムダになりません。

また，次のデータでも明らかなように，AO・推薦入試においても文章力は必須のスキルです。およそ7割の大学で，小論文が課せられます。

2013年度 推薦入試・小論文を課す大学の割合

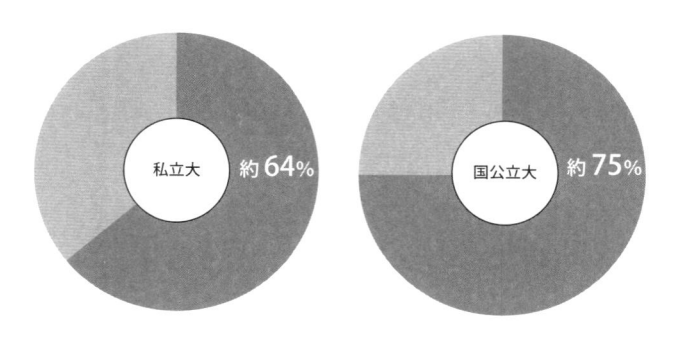

私立大 約64%　　国公立大 約75%

（2011～13年度大学入試結果調査より（ベネッセコーポレーション調べ）

ところで，みなさん，文章を書くのって，とってもむずかしいことだと思ってませんか？

☺ミノリ：でも私，実際，文章のセンスないし…

いいえ，それは心配いりません。**伝わる文章を書くために，センスは必要ありません。文章力は，センスじゃないんです。**
なにも芥川龍之介や太宰治のような「名文」が書けなくたってイイんです。それよりも，相手が一読してわかる文章，「**明文**」を心がけましょう。

☺ハヤト：う〜ん，でもやっぱり，長い文章ってどうも書けないよな〜。

はじめから自己流で書こうとしちゃうから，むずかしくなるんです。明文を書くために，まずは伝わる文章のキホンとなる**型**をおさえる必要があります。
型を知らずに書きだすのと，知ってから書きだすのとでは雲泥の差。そもそも型を知らなければ，個性のだしようがないんですよ。
それから，コレ，かなりだいじなことなんですが，できるかぎり**一文を50字以内にすること**。それが明文の秘訣のキホンです。長ったらしい文章は，読み手にストレスを与えますし，途中で主旨がこんがらがっちゃうモトです。
一文50字を守って，これから教える型にはめて書けば，ダレでもカンタンに志望理由書を書きあげることができます。
ところで，タケシさん。「シュ・ハ・リ」って言葉，聞いたことありますか？

☺タケシ：シュ，ハ…リ？ 聞いたことないです。

漢字で**守・破・離**って書くんですが，じつはコレ，武道や茶道の言葉なんです。武道や茶道では，最初は指導者の教えを忠実に**守**って，それをくりかえすことでキホンをマスターします。「**守**」の段階ですね。

その土台に自分なりの工夫を加えながら，実践をつづけていくことで，あるとき突きぬけることができます。これが「**破**」の段階です。
　最終的には，型や教えから自由になって，独創的な個性を発揮する，つまり，「**離**」の段階に達します。これが「守・破・離」の意味です。
　ピラミッド図で表すと，こんな感じです。

```
      離
    破
  守
```

　型を守っただけの，マニュアル通りの文章じゃ，審査官は納得してはくれても，「感動」はしません。審査官から「**ぜひ会ってみたい**」「**ゼッタイうちにきてほしい**」って思ってもらうためには，マニュアルを卒業して「破・離」の域に達することが求められます。
　だけど，キホンとなる「守」がなければ，次の段階には進めません。
　逆に「守」がしっかりしてれば，応用がききますし，個性や新たな価値を創造することだってできます。つまり，「守」を徹底することで，ダレでも「破・離」への道は拓けるんです。
　キホンをただ知らないだけの「脱マニュアル」じゃなく，型を知ったうえで自己流を極める「**卒マニュアル**」がホンモノです。だから文章をつくるときも，まずはこの「守」の型をしっかりマスターすることがだいじです。
　守・破・離を極めたあかつきには，読み手のココロをグッとつかんではなさない，そんな志望理由書が書けるようになりますよ。
　このレベルに達することではじめて，ごまんとある志望理由書のなかから，あなたの「宝物」を光り輝かせることができるんです。

> こっすん流「4部構成」を本邦初公開！
> ——1000人以上の合格者の経験から導きだした黄金律

😊ハヤト：「型」の具体的な内容を早く知りたいです！

わかりました。型は，大きく **4つのパート** に分かれています。
コチラをご覧ください。

志望理由書の4部構成

パート	割合
志の宣言	5〜10%
一貫性の提示	30〜40%
志望理由	40〜50%
〆の一オシ	5〜10%

右に書いてある数字は，志望理由書全体に占める各パートの割合です。

😊タケシ：各パートの分量にも注意が必要なんですね。

そうです。志望理由書を書きはじめてすぐのときに陥りがちなのが，**視点が狭くなってしまうこと**。細かい部分を気にしすぎてしまい，全体のバランスが悪くなってしまう人が多いんです。これじゃあ，まさに「木をみて森をみず」。

なにごともバランスが重要です。志望理由書を書くときは，木をみて森もみる。つねに全体の流れを意識してください。

　この4部構成は，私の主宰するAO・推薦入試専門塾で合格を勝ちとった1000人以上の受験生の経験を研究して編みだされた，志望理由書の型です。だから，これをマスターすれば，「審査官が先を読まずにはいられないような文章」が書けるようになっています。

　☺ハヤト：なるほど。それぞれのパートにはいったい，どんな文章を書けばイインんですか？

　ではココから，各パートで書くべき内容についてくわしくみていきましょう。

第1部：志の宣言

第1部は，**「志の宣言」**です。次の例をみてください。

> 私は将来，○○（職業など）として，○○な社会を実現したい。そのために，貴校○○学部を第一志望として希望している。

このパートは，分量としては5〜10％ていど，行数にするとわずか2〜3行ていどといったところです。しかし，審査官への第一印象を決定づける重要なパートです。

志を最初に示す効用は2つあります。

第一に，**読み手に一瞬でなにをいいたいのか伝えることができます。**

結論から書くのは，「伝わる文章」にするための初歩的なルールです。最後まで読まないとなにがいいたいのかわからないような文章は，審査官からきらわれちゃいます。

第二に，冒頭に志を述べておくことで，**書き手も最後までブレずに書くことができます。**

これは，とく学際系の学部志望者には有効です。

☺ミノリ：ガクサイ…？

「学際」っていうのは，学問分野が，いくつかの領域にまたがっていることです。環境情報学部，人間科学部，総合政策学部などが「学際系の学部」と呼ばれますね。

実際に文章を書きはじめてみると，途中でどういうスタンスで書いてたのか忘れてしまって，話がバラバラになっちゃう…という人がけっこういるんですね。はじめにいちばんいいたいことを書いてしまえば，あとで空中分解するの

を避けることができるんです。

　😀ハヤト：なるほど〜。「志」かぁ…つまり，将来の夢ってことですよね。

　う〜ん，私は，その二つは微妙に意味合いがちがうと思うんです。

　😥ミノリ：いままで，ほとんど同じ意味でつかってました（汗）

　みなさん，「夢」と「志」，それぞれどんなイメージが思いうかびますか？

　😐ハヤト：「夢」は，なんだか子どもっぽい感じがするかな。
　😀タケシ：「志」っていうと，たくさんの仲間がいそうな感じです。

　ね，よく考えてみると，ちょっとちがうでしょ？　じつは，唯一の正しい答えがあるわけじゃなく，ハヤトさんのも，タケシさんのも，それぞれいいとこ突いてます。
　ちなみに，国語辞書を引いてみるとこんな感じです。
　「夢」は，
　① 将来実現させたいと心のなかに思い描いている願い。
　② 現実を離れた甘美な状態。
　などです。
　一方，「志」は，
　① 心に決めてめざしていること。また，なにになろう，なにをしようと心に決めること。
　② 相手を思いやる気持ち。人に対する厚意。
　などです。

　😀ハヤト：こっすんは，「夢」と「志」にどんなイメージをもってるんですか？

私は，**夢は「利己的」なもの，志は「利他的」なもの**。そう区別してます。
　たとえば，「将来はバスケ選手になりたい！」「大人になったら保育士になりたいなぁ〜」というように，自分の理想を叶えたり，自分の幸せを望むときにつかうのが「夢」です。それ自体は決して悪いことじゃないんですが，そこでめざされているのは自分だけを利すること，つまり利己的な目標ということになります。
　それに対して，「志」は自分の幸せだけじゃなく，みんなの幸せを望むものです。他人をも利する，つまり利他的な目標ですね。
　志の人といえば，たとえば坂本龍馬です。彼の伝記などを読むとわかるように，「国のしくみを変えて日本を良くしたい」「みんなが笑顔で暮らせる社会をつくるんだ」というようなセリフがたびたびでてきます。
　彼のめざした将来像には，自分自身だけでなく，日本という国の未来も含まれていました。つまり，彼は**社会的意義**のある「志」をもっていた，ということができます。
　「利他的」ということについて，もうちょっとくわしく考えてみましょう。この言葉を説明するのに最適なのが，「マズローの欲求5段階理論」という心理学のロジックです。むずかしそうに聞こえますが，内容はシンプルです。
　マズローさんは，人の欲求を5つの段階に分けました。そして，それをピラミッドの形で説明しました。底辺からはじまって，1段階目の欲求が満たされると，その1段階上の欲求をめざす，それが満たされるとさらにその上をめざす…というものです。次の図をみてください。

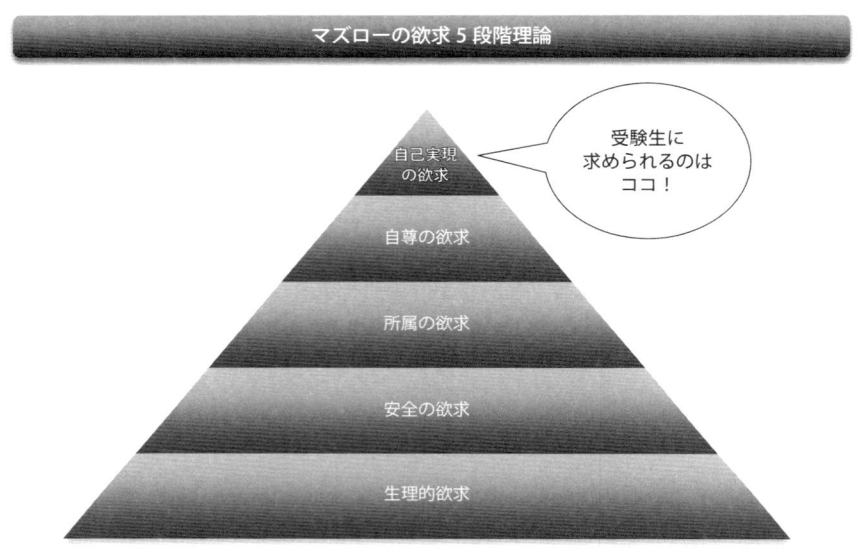

マズローの欲求5段階理論

```
        自己実現
         の欲求        ← 受験生に
                        求められるのは
                        ココ！
        自尊の欲求

        所属の欲求

        安全の欲求

        生理的欲求
```

それぞれどういう欲求なのか，カンタンに説明すると，こんな感じです。

- 生理的欲求…ねむい，お腹すいた
- 安全の欲求…コワいのイヤ
- 所属の欲求…ひとりはイヤ，仲間がほしい
- 自尊の欲求…尊敬されたい，愛されたい
- 自己実現の欲求…他者に貢献することで，より良い自分になりたい

　人は，このピラミッドの下から上へと順に欲求を満たすべく，行動していく。この説にしたがうなら，「夢」は4段階目の「自尊の欲求」あたり。一方「志」は，いちばん上の段階，「自己実現の欲求」といえます。
　私は，夢と志のどっちがイイっていいたいわけじゃないんです。人間には両方必要ですし，どっちも満たされるのがベストでしょう。でも，志望理由書には「夢」と「志」のどっちを書くべきか，もうわかりますね？

😊ミノリ：ハイ，「志」ですね！

その通りです。自分だけよければそれでイイって考えは，AO・推薦入試では通用しません。大学は，社会で役立つこと，社会に貢献できることを自らの望みとする人，つまり「自己実現の欲求」の段階にいる人を求めているんですからね。

✎ 第2部：一貫性の提示

第2部は，「**一貫性の提示**」です。

> 　私がそのような志を抱いたきっかけは○○である。私は○○〜○○年まで約○年間にわたり，○○の活動を行ってきた。それを通じて，○○や○○などを達成することができた。
> 　そうしたなかで，○○に問題意識を抱いた。問題を分析した結果，○○が原因ではないかと考えている。
> 　この問題を解決するために，○○という仮説を立てた。こうすれば，○○の問題を解決できるのではないかと感じている。この問題が解決すれば，社会は○○になると確信している。

このパートは，分量としては 30〜40％ ていどです。いわば，あなたの志が本物であることを証明するパートです。

😐ハヤト：ところで，一貫性って，なにが一貫してるってことなんですか？

過去・現在・未来の一貫性です。AO・推薦入試では，この3つの一貫性が問われます。

過去に取り組んできたことと，将来の志はどう関わっているのか。そこに結

びつきがなければ，たんなる思いつきとなんら変わりません。

　もちろん，みなさん，すべての活動をAO・推薦入試のためにやってきたわけじゃありませんよね。「なんとなくはじめた」ということのほうが多いんじゃないでしょうか。しかし，1時間目のキャリアデザインシートのところでお話ししたように，そうした過去の活動に意味づけをすることで，「自分はこのためにこれこれの活動をがんばってきたんだな」ってことがみえてくるんです。

　いわば，**AO・推薦入試は，あなたの人生の集大成**だといえるでしょう。

⚠️ 「過去」をどう書くか

　過去の経験を書くさいのキーワードは，「**選択と集中**」です。

　ここでは，活動のきっかけや実績を書くわけですが，うまく取捨選択してスッキリまとめないと，バランスが悪くなっちゃいます。だから，**書くべき内容を選択して，それを集中的に深掘りして書く**のがコツです。

　まず，**きっかけは一つに絞りましょう**。いくつもきっかけが並べてあると，読み手の印象に残りません。

　アレもコレも書きたくなっちゃう気持ちはわかりますが，ココはグッとこらえて，一つのことをトコトン掘り下げて書いてください。**志望理由書は，一つのことを深く，深く，深く！** です。

　活動実績についても，全体のバランスを考慮しながら，簡潔にアピールしなければなりません。とくに受験生がミスしがちなのが，この活動実績の部分なんですね。

　誇れる活動実績がたくさんあるのはすばらしいことなんですが，数打ちゃ当たるじゃないですけど，いくつもいくつも羅列しても，底の浅い自慢リストにしかなりません。

　重要なのは，ある活動を通じて，あなたがどんな努力をして，そこからなにをつかんだかです。検定の段位や資格の点数じゃありません。あなたが活動に見いだした価値，つまり「志」のことです。

😐タケシ：結局，評価される活動実績って，どういうものなんですか？

活動実績は，「外より内」「点より線」で評価が高まるっていわれてます。
「外より内」というのは，学外活動よりも，**部活動や生徒会など学内活動の**ほうが，より評価は高いってことです。
「点より線」というのは，単発のイベントよりも，**数年間にわたってつづけてきた活動**のほうがよりイイってことです。

😊ミノリ：かけこみボランティアなんて，ダメってことですね。

そうですね。受験のためになにかをするってのは，本末転倒です。そういうのは，審査官にもすぐ伝わっちゃいます。ボランティアならボランティアでいいんですが，その社会的な目的や意義はなんなのか，自分がそれに興味を持ったのはなぜかを，深掘りして簡潔にまとめる必要があります。

⚠️「現在」をどう書くか
ここでは，過去の経験から得た現在の問題意識について書きます。

😐タケシ：いきなり「問題」っていわれてもなぁ…どんなことを書けばイインでしょう？

「問題」を別の言葉でいいかえると，**「いまあなたがぶつかってる壁」**のことです。
じつは，この壁こそが，あなたが大学で研究すべきテーマということになるんです。ですから，4年間かけて追究するに値する，本質的な課題でなくちゃなりません。
そして，その問題を考察するさいには，問題として指摘して終わりじゃなく，解決策を提示するところまで書いてください。問題提起だけだと，「なんだ，結

局他人任せか」という無責任な印象を与えかねません。リアルな問題意識と，それに対する鋭い考察を書くことで，論理的思考とあなたの創造性を大学にアピールしてください。

⚠ 「未来」をどう書くか

　😔ハヤト：未来について書くのは，過去や現在に比べると，ちょっと苦手だなぁ。

　そう感じるのは，あなただけじゃありませんよ。たしかに，いままで自分が経験してきたことじゃないわけですから，そのぶん想像力と創造力の両方が必要になりますよね。でも，そんなにむずかしいことじゃないんですよ。

未来−現在＝大学でやりたいこと

　要は，このギャップを埋めるために，大学に進学するんです。

　😊ミノリ：そっかぁ。AO入試では，このギャップと，大学が求めることのマッチングをみてるってことなんですね。

　お，鋭い！　いいところを突いてますよ。
　ポイントは，あなたの「志」と，入学後に研究したいことを，**審査官が映像として鮮明にイメージできるくらい具体的に書く**ことです。フワッとした曖昧な言葉や抽象的な表現はダメ。内容がボヤけちゃいますからね。
　たとえば「志」の場合，

- その問題を解決することで，社会はどう変わると思うか。
- それを実現することで，人々がどうなることをあなたは願っているのか。
- それは社会に対して，どれだけのインパクトがあるのか。

これらの点を意識して書くのがコツです。

「社会」という言葉も、ばくぜんと書いていると抽象的になっちゃいますから、あなたの周囲の人々が喜んでいる様子を想像しながら書くといいですよ。

そして、くれぐれも**「さまざまな」「いろいろな」「多様な」といった言葉はつかわないこと**。書き終わってチェックするさい、こんな言葉がちりばめられていないか、よーく見直してくださいね。

過去・現在・未来を具体的に表現することで、**あなたの将来性と志望校への適正**を強くアピールしましょう。

第3部：志望理由

第3部は、**「志望理由」**です。このパートは、分量としては40～50%ていど。志望理由書のメインとなるパートです。

> 私が貴校○○学部を志望する理由は三つある。第一に、○○だからである。第二に、○○だからである。第三に、○○だからである。

こんな感じで、理由を整理して書きます。

みなさん、いまパッと思いつく志望理由を挙げてみてください。

☺タケシ：キャンパスが広いから！
☺ミノリ：家から近いから‼
☺ハヤト：学費が安いから‼‼

う～ん、もちろん、そういうことも、志望校選択の重要な基準ではあるでしょう。でも、いま挙げてもらった理由は、いずれも志望理由書に書くべきものとしてはふさわしくありません。

😀ハヤト：じゃあ，合格した先輩はどんな志望理由を書いてたんだろう…？

そりゃあ気になりますよね。**合格者が書いた志望理由ベスト3**──。
知りたい人，手を挙げてっ！

😄全員：ハーイっ !!!

よしっ，じゃあ，教えちゃいましょう（笑）
審査官が先をグイグイ読みたくなる「魔法の口説き文句」──それは，

- 指導教員
- 人的ネットワーク
- アドミッション・ポリシー（**教育方針**）

この3つの要素が，志望理由のテッパンです！ 順にご説明しますね。

⚠️ 志望理由① 指導教員

みなさん，そもそも，大学ってなにをする場所だと思ってますか？

😀タケシ：そりゃもちろん，「勉強」するところでしょ？

そうカンちがいしてる受験生，けっこう多いんですね。じつは，**大学は「勉強」するところじゃありません。**

😀ハヤト：えっ⁉ どーゆーことですか？

大学は勉強じゃなく，「研究」をするところです。もちろん，講義を受けて知

購入者限定！豪華3大特典

小杉樹彦『AO・推薦入試の黄本』(新評論刊)

本書をご購入いただきまして、まことにありがとうございます。
ご購入者の方にかぎり、以下の3つの特典をプレゼントさせていただきます！

(presented by KOSSUN教育ラボ)

特典❶ KOSSUN教育ラボ 無料個別相談会 20分延長プレゼント

通常40分の無料個別相談会を、本書をご持参の方には20分延長していただくことができます。60分間、プロの講師がマンツーマンで対応いたします。ぜひこの機会に、あなたの疑問や希望をぶつけてください！
(お一人様1回限りとさせていただきます)

無料個別相談会へのご参加はこちらから！
↓↓↓

特典❷ KOSSUN教育ラボ 対面指導1コマ無料追加プレゼント

【本書を購入してくださったKOSSUN教育ラボ塾生対象】本書をご持参いただければ、対面指導1コマ分(40分)

特典❽ KOSSUN教育ラボ特製

『学校では教えてくれない！AO・推薦入試Q&Aベスト30』プレゼント

本書ではお伝えしきれなかった、AO・推薦入試にまつわる受験生・保護者の方々のお悩みと、それに対する回答をQ&A形式でまとめた小冊子（デジタルファイル）をプレゼントいたします。ネットの特設ページ（2016年3月中旬〜）で、**カンタンなクイズにお答えいただくとダウンロード**できます。詳細は**新評論サイト（www.shinyoron.co.jp）**をごらん下さい。

▼▼▼おまけの特別付録 塾長からのエール入り・特製しおり▼▼▼

＊キリトリ線に沿って切り離してご利用下さい。

受験生よ、大志を抱け！

KOSSUN教育ラボ代表
小杉 樹彦

識を身につける学びもありますが，中学校や高校とはちがって，受け身の「勉強」じゃなく，自らの意志でテーマを持って「研究」しなければ，卒業できないんです。

　勉強と研究のいちばんのちがいは，**研究には答えがない**ってことです。

　ですから，自分のアタマで考えて行動できないとマズいんですね。

　😊タケシ：大学では，自分から進んでなにかを探求していかないと，とりのこされちゃうってことか〜

　そう，だから，**指導教員**は重要な志望理由になりえるんです。どうしても指導を受けたい先生がいる，といった理由ならば，代えはきかないですよね。

　ただ，そのぶん**突っこんだ質問**もされるんで，覚悟してください。

　たとえば，指導を受けたい先生がいらっしゃる場合，前もって著書や論文を読んでおくなどの下準備は不可欠です。

　面会したときに，先生の本や論文をひとつも読んだことありません，ってのは失礼です。「この受験生は，ホントに私のもとで研究したいのだろうか？」と，意欲を疑われてもしかたありませんよね。

　熱心な受験生は，あらかじめ先生に個別に連絡をとって，入学後の研究の方向性に関するすりあわせまでやってるんですよ。

　ココでの下調べがあまいと，あとでイタイ目にあいます。入念に調べてくださいね。

　😟ミノリ：え〜，みんな，そこまでやってるんですか⁉ でも，どうやって指導教員や，その先生が書いた本のことなんかを調べればイイんだろ…？

　だいじょうぶ，ちゃんと方法があるので，安心してください。これから，そういった調査の基本的な流れをご紹介していきます。

　まず，指導を受けたい教員の名前がわかっていれば，名前から著書や論文を

探すこともできますし，その逆もアリです。特定の教員のアテがなければ，次のように関心のある分野から探すこともできます。

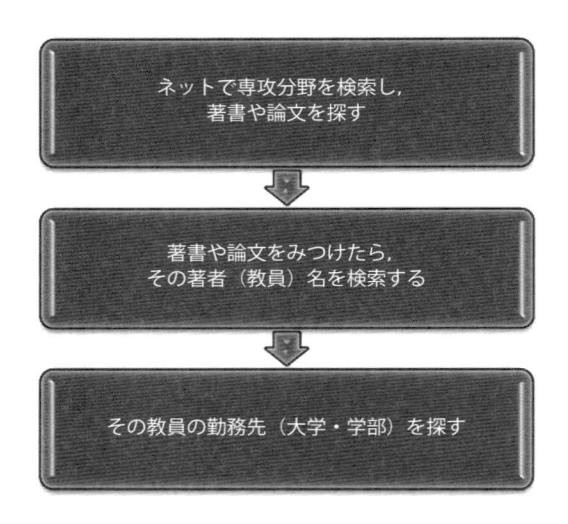

```
┌─────────────────────────┐
│  ネットで専攻分野を検索し，  │
│     著書や論文を探す      │
└─────────────────────────┘
            ↓
┌─────────────────────────┐
│  著書や論文をみつけたら，   │
│  その著者（教員）名を検索する │
└─────────────────────────┘
            ↓
┌─────────────────────────┐
│ その教員の勤務先（大学・学部）を探す │
└─────────────────────────┘
```

また，国立の機関が運営している以下のサイトで調べることもできます。

▶**ReaD & Researchmap**［リードアンドリサーチマップ］　http://researchmap.jp/search/
　研究者について調べるためのデータベース・サイトです。国内約 22 万人の研究者情報などが掲載されています。

▶**CiNii**［サイニィ］　http://ci.nii.ac.jp/
　論文や図書・雑誌なとが検索できるデータベース・サイトです。

　論文や著書の内容を，部分的にしか理解できなくても心配いりません。大学の先生が書いた学術論文をなんの補助もなく読みこなすのは，受験生でなくてもむずかしいことです。理解できなかった部分はメモしておいて，あとで直接質問するのもアリですよ。

⚠️ 志望理由② 人的ネットワーク

「志望校，もう決めた？」
「う〜ん，やっぱり，**早慶**かな〜」
　学校や予備校で，こんな会話を耳にしたことあるでしょう。
　圧倒的な人気を誇る早稲田・慶應ですが，なぜココまで支持されるんだと思いますか？

　😊タケシ：偏差値が高いからじゃないですか？
　😄ハヤト：異性にモテるからに決まってますよ！
　😕ミノリ：研究の環境が整ってるからでしょ。

　たしかに，どれも一理あるでしょう。ですが，早慶が絶大な人気を誇るほんとうの理由は，別にあります。
　それは，長い歴史のなかで築かれた**人的ネットワーク**です。人と人とのつながり，いわゆる人脈ですね。
　早稲田大学には「稲門会(とうもんかい)」っていう，全国に広いネットワークを持つ OB・OG 組織が存在します。
　また，慶應義塾大学には「三田会(みたかい)」っていう，同じく国内でも最大級の規模を誇る OB・OG 組織があります。「縦のつながり」と「横のつながり」がたいせつなんです。

　😕ハヤト：タテとヨコ…？

　「縦のつながり」っていうのは，先生と学生，先輩と後輩の関係のことです。
　「横のつながり」っていうのは，同僚とか同期の関係のことです。

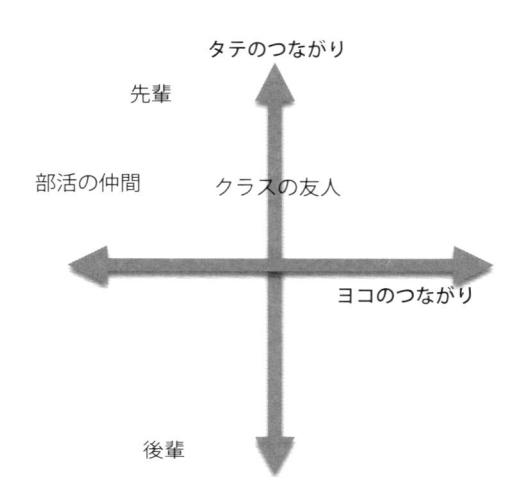

```
                    タテのつながり
                        ↑
              先輩      │
                        │
      部活の仲間   クラスの友人
    ←───────────────┼───────────────→
                        │       ヨコのつながり
                        │
              後輩      │
                        ↓
```

　大学で獲得できるものは，知識だけじゃありません。むしろ，学問・研究・知識以外のところで，なにをどれだけ多く経験できたかが，あなたの学生時代の価値を決めます。

　そのなかで，仲間との出会いはもっともたいせつなものの一つです。早慶は，人的ネットワークが広くて豊かなぶん，仲間との出会いのチャンスが多いってことなんです。

　☺タケシ：すると，やっぱり，早慶に行くのがいちばんイイってことですか!?

　いえいえ，それは考えが早計です。

　☹ミノリ：え，こっすん，ダジャレ!?

　ダジャレかどうかはさておき（笑），早慶以外にも，各大学は独自の人的ネットワークを築いています。

たとえば，中央大学なら弁護士や判事，検事などの人脈（法曹界っていいます）が豊富だし，日本大学なら建築関係に強いといった特長があります。

　ココで私がいちばんいいたいのは，各大学のネットワークの特長を知って，あなた自身が求める人財はどこにいるのかを見きわめてほしいってことです。志望理由書づくりを通じて，大学独自のネットワークを調べてみてください。

⚠ 志望理由③ アドミッション・ポリシー（教育方針）

　最後に，志望理由のなかでももっとも重要なのが，この「**アドミッション・ポリシー（教育方針）**」です。

　「アドミッション・オフィス入試」，略して「AO入試」っていうくらいですから，アドミッション・オフィスが掲げるアドミッション・ポリシーに共感する受験生をみきわめることが，AO入試の目的なんです。

　アドミッション・ポリシーは，大学なり学部が，ココだけはどうしてもゆずれないというふうにたいせつにしている「思い」や「考え」だといえます。

　だから，コレに共感できなければ，ゼッタイに出願しちゃダメです。アドミッション・ポリシーにおいてくいちがいがあると，あなたにとっても大学にとっても，不幸な出会いになってしまいます。

　合わない大学を受験して，時間をムダにするなんて愚かでしょう？　万が一，合格して通うことになったとしても，教育方針が適合してないんですから，十分な能力を発揮することはできません。4年間をムダに過ごすだけです。

　ココで，いくつかアドミッション・ポリシーの例をご紹介しましょう。

成城大学 社会イノベーション学部のアドミッション・ポリシー

　入学者に，大学教育を受けるために必要な基礎学力，日本語および英語の基礎的活用能力，イノベーションへの強い関心と関連する問題の発見・解決に自律的に取り組む姿勢，そして最後に自分を成長させることにより社会に貢献しようとする高い志，を有することを求める。

東京海洋大学 海洋科学部・海洋工学部のアドミッション・ポリシー

　海洋とその利用および地球環境問題に興味と関心を持ち，自らが問題を見つけ解決する意欲と行動力を持つ学生を求める。

国際教養大学 国際教養学部のアドミッション・ポリシー

　本学の理念に共感する次のような学生を求めています。
- 学習意欲が強く，鋭い問題意識をもつ学生
- 国際社会を舞台に活躍できるような実践的な外国語運用能力（とくに英語）と，幅広い教養の習得を志す学生
- 世界の多様な文化，言語，歴史，社会，そして経済や環境などの国際関係について，強い関心と探究心をもつ学生

東京工業大学 理学部のアドミッション・ポリシー

　幅広い教育と自由な発想に基づいた研究を通じて，社会や文化の発展に広く貢献することを目指しています。そのために次のような学生を求めます。
- 自然界の仕組みについて深く知りたいという強い好奇心を持つ者
- 教わるだけでなく，自ら主体的に学ぶことができる者
- 自分の意見を持ち，他者と議論することができる者
- 十分な学力と表現力を持つ者

> ### 同志社大学 グローバル・コミュニケーション学部のアドミッション・ポリシー
>
> 　本学の教育理念の一つである国際主義をさらに推進し，グローバル社会の諸分野で facilitator, negotiator, administrator として活躍できる人材を育成することを目的としています。そのために，次のような学生を求めています。
> 1. 一国の良心となる人物の育成という同志社大学の建学の精神と本学の三つの教育理念であるキリスト教主義，自由主義，国際主義を受け入れる学生。
> 2. 国際社会に対応できる語学力と，異なる価値観を受け入れることによって，幅広い人間性を涵養し，高い倫理観に基づき行動する人物の育成を謳う本学の国際主義に共感する学生。
> 3. グローバル社会の構造と動態および異文化を理解しつつ高い倫理観をもってグローバル社会の諸分野で facilitator, negotiator, administrator として活躍できる人物を育成するという本学部の教育目的を受け入れ，本学部での勉学を強く望む学生。
> 4. 優れた外国語能力を有し，本学部の教育を通してその能力の助長と優れたコミュニケーション能力の修得を希望する学生。
> 5. 本学部生として義務化されている留学（英語コースと中国語コースでは1年間の「Study Abroad」，日本語コースでは4年間の日本への留学）を承諾できる学生。
> 6. 本学部が掲げる数量的到達目標に向かい，継続的に努力ができる学生。数量的到達目標は，英語コースは TOEFL-iBT 79 点（ITP 550 点）以上及び TOEIC 750 点以上，中国語コースは中国語検定2級ないし HSK5 級，日本語コースは日本語実用テスト（Jテスト）準A級ないしビジネス日本語能力テスト（BJT）J1 レベルである。

（各大学サイトより抜粋）

　このように各大学は，学部ごとに異なるアドミッション・ポリシーを掲げていて，それに合致した学生を求めています。なかには，同志社大学グローバル・コミュニケーション学部のように，具体的に資格や検定の基準が示されている場合もあります。

　アドミッション・ポリシーは唯一無二です。多少似かよった部分があるとしても，一つとして同じものはありません。だからこそ，アドミッション・ポリシーへの共感は，説得力の高い志望理由になりえるんです。

ただし，たんに「私は，○○学部の○○というアドミッション・ポリシーに合致しています」なんて書いたところで，まるで説得力はありません。それを鵜呑みにして納得してくれるような審査官はいません。「入学案内のパンフレットに書いてあることを，丸写しただけでしょ？」って思われるのがオチです。

　😟タケシ：じゃあ，どーすればイイんですか？

　あなたの「**過去の行動**」と「**現在の問題意識**」と「**将来のビジョン**」で，アドミッション・ポリシーに合致していることを示すんです。つまり，**実体験にもとづいて書く**。「○○の経験（過去の行動）から，○○学部を志望するにいたった。そしていま，現代の社会について○○が課題だと考えている（現在の問題意識）。○○学部の教育方針に沿って研究することでその解決を模索し，将来○○という社会貢献をしたい（将来のビジョン）」…というふうに語るんです。こうした過去・現在・未来の一貫性のなかで，審査官は学部とあなたの相性を判断します。

　アドミッション・ポリシーを，自分なりによくかみくだいて消化すること。これがたいせつです。

⚠️ 志望理由　番外編

　以上が，OB・OG が書いた志望理由のトップ3ですが，ここで番外編をお話ししておきましょう。
　それは**「資格実績」**と**「地域性」**です。
　まず資格実績について。栄養士，看護師，公認会計士，税理士…などなど，国家資格をはじめとした各種資格の合格実績が No.1，もしくは全国トップレベルの大学がありますよね。そういう資格実績は，十分な志望理由になります。
　もしあなたが弁護士をめざしているなら，司法試験の合格率がより高い大学に行きたいと思うでしょう？

　😊ハヤト：もちろんです！　そのほうが，同じ志を持った仲間と出会える可能性も広がりそうな気がしますし。

　その通り。あなたが将来，その資格や検定の取得をめざすにあたって，合格率トップの大学への進学は最短ルートといえます。また，進学後・卒業後も，人的ネットワークの点で有利になりますよね。
　次に地域性について。これは一言でいえば，ある地域で育った人が，将来もその地域に貢献していくってことです。

　😊タケシ：つまり，**地産地消**ってヤツですね。

　地産地消は，ふつうは食べものなどにつかう言葉ですが，人財が生まれ育った地域で活躍するという意味では，たとえとしてまちがってないかもしれませんね。
　とくに国立大学では，地域性が色濃くでます。たとえば横浜国立大学は，キャンパスのある神奈川県の活性化を使命の一つとしています。
　現に，横国の教育人間科学部の推薦入試では，毎年地元の神奈川県出身者の

みが出願できる地域枠が用意されてます。

　自らが生まれ育った地域で学び，その後の生涯にわたってその地域に恩返しをしていきたい…これまで自分を育ててくれた地域に感謝して，卒業したら自分が恩返しをするんだ，と決意している地元愛の強い受験生もいます。

　そうした受験生は，地域活性化を担う大学にとっては，喉から手がでるほどほしい人財なんです。

　カンタンですが，以上の 2 つが番外編です。

　さて，志望理由の選択のコツ，わかりましたでしょうか。なにか質問はありますか？

　😊ミノリ：志望理由って，これまで 5 つでてきましたけど，いくつ書くのがベストなんですか？

　決められた文字数にもよりますが，1500 字以上ある場合は，3 つ挙げてあると審査官も納得しやすいはずです。

　ちなみに，志望理由を書くさいは，**後出し**にするのがコツです。つまり，**説得力の高いもをあとのほうに回す**。3 つ挙げるなら，いちばん説得力のある理由を最後の 3 番目にしましょう。そうすることで，読み手に対して心理的により強いインパクトを与えることかできます。

　😊タケシ：順序に気をつけるだけで，説得力が増すんですね。覚えときます！

第4部：〆のひとオシ

ラストの第4部は，「〆のひとオシ」です。

> 以上が，私が貴校○○学部を強く志望する理由である。

このパートは，分量としては5～10％ていど，行数にすると2～3行ていどでしょうか。

審査官にココまで読んでもらえたとすれば，書類審査突破のみこみは十分にあります。この最後のパートは，次のステップ，つまり面接に進むための「あとひとオシ」。最後の1行まで，攻めの姿勢を忘れないようにしましょう。最後がピシッと決まっていれば，文章全体が引きしまった印象になります。

通常は，上記のような文言でカンタンに締めるんですが，これじゃいかにも定型的な文章って感じで，ちょっと味気ない気もします。**あなたの将来性に期待をかけずにはいられないような一文**を入れておくと，ぐっと印象が強まります。

一案として，入学したらすぐに行動に移せるような具体的な提案を入れてみるのも，おもしろいかもしれません。

たとえば，教育内容についての要望や，研究をはじめるにあたっての提案などなど…。

☺ハヤト：そんなことまで書かれてたら，審査官はきっとビックリしますよね。

でも，主体的に関わろうという姿勢が伝わるから，ワルい気はしないはずです。それどころか，「これは有望だ」というので，あなたを入学させる前提で会ってみたいと思う可能性大ですよ。入学後の抱負，卒業後の進路なんかもイイですね。

ココで，ちょっと細かい点なんですが，注意してもらいたいのが原稿用紙のつかい方です。通常，句読点や「っ」「ゃ」などの小文字，カギかっこなどは，1マス分つかいますよね。でも学校の作文なんかでは，マス目が足りなくなったら，文章の末尾のマル「。」をマス目の外に書いたり，直前の文字と同居させたりしちゃっても，大目にみてもらえます。しかし，志望理由書では，これはやっちゃイケません。たとえマル1個でも，**字数オーバー**とみなされる恐れがあるからです。

　☺タケシ：なるほど！　マルやテンも，きっちり1字に数えられるんですね。

　そうです。もし最後のマルがはみでちゃったら，どこか削るなどして，1マス分，調整してください。
　この点だけ注意して，あとは最後の1行まで，魂をこめて書きあげましょう。
　書類の先には人がいる。そのことを忘れちゃイケません。一般入試の場合，大量の答案をコンピュータで採点します。論述など，人（試験官）が採点する部分も多少はありますが，全体としてはあくまで機械的に採点できるようになっています。
　しかし，AO・推薦入試では，審査するのはつねに「人」です。あなたが一生懸命に書いた書類の先には，時間をかけて真剣に，ていねいに読んでくれる審査官がいるんです。そのことを忘れずに，心をこめて書いてください。
　さて，これで志望理由書の書き方に関する説明は終わりです。

　☺ハヤト：ふぅ～，シンプルな構成とはいえ，神経をつかうから，けっこうしんどい作業ですね。それに，ボリュームもかなりあるなぁ（汗）

　いまお話ししたことをすべて書くとしたら，かなりの分量になりますが，**必ずしもすべて書く必要はないんですよ。**
　というのも，大学によって，志望理由書の字数は大きく異なるからです。2000

字ていどあれば、ここでお話ししたことをすべて書けるかもしれませんが、300〜400字ていどなら、どう考えてもムリですよね。

　字数が少ない場合は、なにを書いて、なにを書かないのか、**取捨選択**する必要があります。そのさいは、さっきお話しした「合格者が書いた志望理由ベスト3」などを選択基準の参考にしてください。

　さあ、あなたも「究極の志望理由書」をめざして書きだしましょう！

2.　短期間で文章力を飛躍的に向上させるには王道がある

> 「模写」こそ，最速の文章力向上トレーニング
> ──書いて，書いて，書きまくる！

　😥ミノリ：でもなぁ〜。いくら型にはめて書くだけっていっても，そもそもこんなに長い文章，書いたことないし…

　わかりました。どうしても文章への苦手意識がとれないあなたのために，とっておきの文章上達術をお教えしましょう！

　😊ハヤト：そんなのあるんですか⁉ 早く教えてくださいっ！

　短期間で文章力を飛躍的に上げる㊙裏ワザ，それはズバリ，「**模写**」です！写経っていったりもするんですが，文章をそのまま書き写すことです。
　つまるところ，文章力を上達させるためには，書くことに慣れるほかありません。多少根気のいる作業ですが，実際，私の塾でもたくさんの塾生が，「摸写」を実践したことでミルミル文章力をアップさせました。私は，短期間に大量の文章を浴びるこの方法こそ，文章力を向上させる王道だと確信してます。

　😥ミノリ：写すだけなら，私にもできるかも。

　でしょう？　とにかく**書いて，書いて，書きまくる！**　そうすると，手が文章のリズムを覚えるんです。効果はすでに実証済みなわけですから，まちがいありません。

> 最新の学習指導要領にはじめて追加されたこと
> ──68の大学で入試に採用されたお宝コラムとは？

　ただし，ひたすら書くっていっても，むやみやたらに書き写せばイイってもんじゃありません。
　どの文章を模写するのかが，とても重要になってきます。私は模写の題材として，朝日新聞の「**天声人語**」をおすすめします。

　😊タケシ：あ，うち，朝日新聞とってるんで，ぼくもなんどか記事を読んだことあります。「天声人語」って，最初の面の下のほうに載ってるやつですよね。

　そうそう。
　最新の学習指導要領にはじめて追加されたこと，それは「**新聞を読むこと**」。
　そして，大学入試でもっとも多く出題されているのが，朝日新聞の**天声人語**なんです。2013年にはなんと，68の大学で，96本もの記事が採用されました。
　天声人語を模写することで得られるメリットは，はかりしれません。
　まず，模写することで文章力がアップします。
　そして，小論文に欠かせない知識のインプットができます。
　さらには，模写したノートを，任意資料として提出することもできるんです。出願書類以外に，任意による資料の提出を認めている大学もあるんですよ。
　その日の「天声人語」を切りぬいてノートに貼りつけ，その下に手書きで文章を模写する。とくに興味をもった箇所にマーカーを引いておけば，のちのち志望理由書の題材としてもつかえます。それが同時に，「自分はこういう社会問題に関心を持ってます」っていうアピールにもなるわけです。「自分にはとりたてて活動実績がない」と嘆く受験生も，これなら今日からでもはじめられますよね。これも立派な活動です。

　😊ハヤト：その発想はなかったなぁ！　いまからでも活動実績はつくれるんですね。

「天声人語」はいわば,「一粒で三度おいしい」お宝コラムなんですよ。スゴいでしょ？

　☺タケシ：コストパフォーマンスが高いですね。根気のいりそうな作業ですけど,やってみる価値ありそうです。

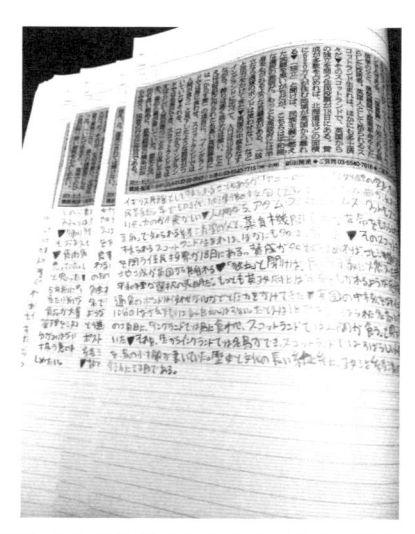

KOSSUM 教育ラボの塾生による「天声人語」模写ノート

3. たった1％の差であなたの文章は劇的に良くなる

> 「だ・である」調か，「です・ます」調か？
> ——どちらで統一すべきか，読み手をイメージして決める

　ココまでで，志望理由書の大筋はつかめたんじゃないかと思います。次は，細かい部分にこだわってほしいですね。
　よく「**神は細部に宿る**」っていったりしますが，たった1％の差で，あなたの文章は劇的に変わります。たとえ書いてある内容自体は変わらなくても，細かい部分に配慮することで，読み手に与えるインパクトを強めることができるんです。服にできた小さな糸のほつれが，やがて大きな穴になることだってあるでしょう？　細部を徹底的に詰めること。これが文章力アップの秘訣です。

　😊タケシ：細かい部分っていうと，誤字脱字とかですか？

　もちろん，誤字脱字は極力ないほうがいいですが，それだけじゃありません。
　まず，志望理由書を書きだすときって，こんな悩みを抱えるんじゃないでしょうか？
　「常体」と**「敬体」，どっちで書けばイイんだろう？**

　☹ミノリ：あ，それは迷うかも…
　😊ハヤト：「ジョウタイ」と「ケイタイ」…？

　常体は，いわゆる「**だ・である調**」のこと。敬体は，「**です・ます調**」のことです。

　😊ハヤト：ああ，それなら，学校で習いましたよ。志望理由書は「だ・である調」

で書くべきだ，って教わりました。

　☺ミノリ：ほんと？　私は，「です・ます調」のほうがていねいだっていわれた。どっちが正解なんですか？

　実際のところ，志望理由書は「です・ます調」でも，「だ・である調」でも，どっちで書いてもかまいません。
　ただし，**どっちかで統一しないとダメです**。途中で文体が混ぜこぜになっちゃイケません。
　…と，**ココまでは**，みなさん学校でも教わったはずです。
　この授業では，さらにもう一歩ふみこんだ，上級レベルのテクニックをお伝えします。
　それは，**文体を選択するにあたって，読み手がどんな人かを想像して決めてほしい**ってことです。内容だけじゃなく，文体も含めて，自分自身の頭で考えて選択すべきなんです。
　たとえば，あなたが法学部志望なら，「論理的な文章が好まれるな」と想像し，「だ・である調」で書く。法律の世界で生きていく強い意志と勇気，論理性を示すためには，常体がふさわしいんです。
　また，「だ・である調」は，「です・ます調」と比べて全体の文字数を減らすことができます。

　☺ハヤト：文字数がオーバー気味の人には，「だ・である」がおすすめってことかぁ。

　一方，看護・福祉系の学部を志望するなら，「です・ます調」で書いたほうが，誠実さややさしさをアピールできるんじゃないか，というように考えます。
　ただし，一般的な法則だけじゃ，審査官を感動させる究極の志望理由書にはなりません。ココでもあなたの想像力をフルに働かせて，相手の立場になって考えながら書くことがたいせつです。

専門用語，カタカナ語はできるだけつかわない
―― その言葉の「定義」，わかってますか？

　受験，就活，異性への告白…みんな，人生のたいせつな場面では，少しでも自分をカッコよくみせたいですよね。その気持ちはわかります。けれど，見栄を張ってもイイ結果には結びつきません。

　受験でありがちなのが，専門用語やカタカナ語をむやみやたらにつかってしまうこと。

　典型的な例は，**イノベーション**とか，**人間力**といった言葉。こうした流行りの言葉に飛びついて，墓穴を掘らないようにしてください。この段階で知ったかぶりをすると，のちのちとりかえしがつかなくなります。

　志望理由書に書いたその言葉，正しく理解していますか？ ホントにわかってつかってますか？

　かりに運よく書類選考を通過できても，面接で「イノベーションとは？」「人間力ってなに？」なんて突っこまれて，説明できなかったらアウトです。

　専門用語やむずかしい言葉よりも，**「自分の言葉」**をみつけることを心がけてください。AO・推薦入試だけでなく，人生のどんな場面でも，それがいちばんココロに響くんです。自分の言葉で書けば，「その他大勢」から抜けだせます。まずは飾らずに，ふだんつかっている言葉で書いてみてください。

　ココでも，私がここまでの授業中，口を酸っぱくしていってきた…

　☺タケシ：「あたりまえのことを，あたりまえのようにやる」ですよね？

　その通り！ 受験の出願書類でも，ふだんつかってるあたりまえの言葉をつかう。コレ，鉄則です。

　自分を少しでも大きくみせようと，背伸びしてしまったら失敗のモト。等身大の自分を示すために，自分がちゃんと理解してる言葉を，ていねいに選んで書きましょう。そのためには，日ごろから**言葉をたいせつにする**ことです。

意外と知らない「御校」と「貴校」のつかいわけ
―― 「話し言葉」と「書き言葉」

　😕ハヤト：でも，志望理由書って，日常会話でつかってる言葉とまったく同じってわけにはいきませんよね？
　ぼく，合格した先輩に，志望理由書をみせてもらったことがあるんです。その人は志望校のことを「貴校」って書いてました。どーゆー意味なんですか？

　「おたくの大学」というのを，ていねいにいいかえた言葉です。ただ，志望理由書では「貴校」で正しいんですが，面接で「貴校」っていったら，まちがいなんですよ。

　😟ハヤト：えぇ⁉ なんでですか？

　それは，**「貴校」が書き言葉だからです。話し言葉では「御校（おんこう）」**。だけど，会話で「私が御校を志望した理由は…」なんてフレーズ，正直，ちょっと堅苦しくないですか？

　🙂タケシ：そうですね。ふだんつかわない言葉だし。

　ていねいな言い方ではあるんですが，面接では，ストレートに「私が○○大学を志望した理由は…」のように，大学名をそのままいってしまってもだいじょうぶだと思います。それで面接官から怒られたって話は，聞いたことありません。
　「当校」や「本校」はNGですが，「御校」までいう必要はないでしょう。なかには「○○大学さん」「○○大学様」なんていい方をする人がいますが，これはていねい表現としておかしいです（笑）
　最終的には，いいやすいかどうかで判断してかまいません。

> **プリントアウトして全体をチェックする**
> **──紙のほうがミスを発見しやすい**

　最近は AO・推薦入試ともに，WEB 出願を導入する大学が増えてきました。
　WEB 出願でやってしまいがちなのが，書き終えるやいなや，スグ「送信」ボタンをクリック，はい完了！　というパターンです。早く出願しなきゃと思うあまり，気がせいて，ロクに見直しもせずにポチッとしてしまう。送信したあとにミスに気づいても，もう手遅れ…こういうケース，意外と多いんです。
　やっとの思いで完成した志望理由書です。早く提出したい気持ちはわかりますが，ここはグッとこらえて，**プリントアウトしてもういちど確認しましょう。**

　😖ミノリ：パソコンの画面上で確認するだけじゃ，ダメなんですか？　プリントアウトする理由ってなんですか？

　プリントアウトすると，なぜかモニター上では気づかなかったミスなどを発見しやすくなるんですよ。
　ささいなことでも，ミスに気づかずに出願すれば，審査官の心証は大きくダウンしてしまうかもしれません。見直せば気づいたはずの凡ミスで減点になるなんて，イヤでしょう？

　😖ミノリ：家にプリンターないんですケド，どーしたらイイでしょう？

　それなら，ファイルを USB メモリなどに入れて，コンビニに持っていけば問題解決です。たいていのコンビニには，文書印刷ができるマルチコピー機が設置されてます。そんなに時間もお金もかかることじゃないんで，だいじょうぶですよ。
　それから，出願の締め切りまで，あとちょっとだけ時間のある人にゼッタイやってもらいたいことがあります。完成した志望理由書をプリントアウトした

ら，一晩おいて，翌日に最終チェックをしてください。

　☺ハヤト：え!? 書き終わって，プリントして，見直して，それでもまだ提出しちゃイケないんですか？

　ハイ。一晩寝て，起きると，あなたの気持ちが一新します。新鮮な気持ちで読みかえすと，前日には気づかなかった点がみえてくるんです。

　☺ミノリ：一晩寝かすともっと良くなる…なんか，カレーみたいですね！

　うまいこといいますね（笑）
　一晩おいたあとの最終チェックでは，すべて一文が50字以内におさまっているか，全体のバランスはとれているか，なにか一つの話題に偏っていないかなど，一つひとつ，ていねいに確認してください。もしミスがみつかれば，手直しして最終版とします。
　そして，最終版は必ず2通，プリントアウトして，1通は大学に提出，1通は手元に残しておいてくださいね。今後の面接練習や本番でもつかいますから。
　さあ，これで「凡ミスゼロ作戦」完了です！
　ほんのちょっとの差かもしれませんが，こうした最後のていねいな詰めをおこたらないことで，文書の印象が天と地ほどちがってくることもあるんですよ。

★Memo★
　2時間目で気づいたことや気になったことがあれば，ぜひメモしておいてください。

3時間目:
「会話力」のキホン

～話す力より,「聴く力」～

1　大学受験と就職面接はまったくの別モノ　　　　　　　　　　　　　102

- あの都市伝説はウソ？ ホント？
  ——まちがいだらけの面接対策………102
- 「落とすため」の面接と「受からせるため」の面接
  ——決定的なちがいは,おカネの流れ………107

2　面接で意識すべきは,「伝え方」と「見た目」　　　　　　　　　　111

- その場で考えたことをわかりやすく伝える
  ——面接の回答はぜんぶ準備しようとするな………111
- 話しベタ,あがり症に即効く「福利の法則」
  ——会話にも万能な「型」がある………113
- 面接でいちばんやっちゃイケないこと
  ——「会話のドッジボール」に陥らないために………118
- 「人は見た目が9割」って,ホント？
  ——「スマホ」は見た目磨きの最終兵器………122

3　「質問の意図」をくみとることが上手な会話のコツ　　　　　　　125

- 「質問はありますか？」は,最後のアピールチャンス！
  ——面接官にしてイイ質問,ワルい質問………125
- 言葉をたいせつにしていれば,掘り下げられてもだいじょうぶ
  ——コンピテンシー面接に小手先は通用しない………129

1. 大学受験と就職面接はまったくの別モノ

> あの都市伝説はウソ？ ホント？
> ——まちがいだらけの面接対策

　3時間目は，会話力のキホンを学びます。
　AO・推薦入試では，面接という形で会話力が試されます。なかには，複数回にわたり，時間をかけて受験生を審査する大学もあります。
　1回の面接時間は多くが10〜15分前後ですが，30分以上という大学もあります。
　面接は，人生のさまざまなシーンでおこなわれます。みなさん，これまでに，なにか面接を受けたことってありますか？

　☺ハヤト：英検の面接なら受けたことあります。
　☺タケシ：ぼく，バイトの面接の経験があります。人前で話すのがすごく苦手なんで，とっても緊張しました…
　☹ミノリ：私は，面接なんていちども受けたことありません。

　だいじょうぶ，まったく心配いりません。面接慣れしてる受験生なんて，ほとんどいませんから。
　面接は，審査官と向き合って，直接アピールできる絶好の機会です。なにもおそれることはありません。みんな，不安な気持ちでいっぱいなんです。
　この授業で，面接のスキルをしっかりマスターし，くりかえし練習すれば，ダレでも円滑なコミュニケーションを図れるようになることをお約束します。ですから，安心してついてきてくださいね。

　☹タケシ：う〜〜〜ん（悩）

おや？　まだ半信半疑って顔してますね。

😊タケシ：だって，どんなこと聞かれるのかわからないから，不安なんです。
😟ミノリ：面接について，いろんなウワサ，聞きますし…

　たしかに，大学面接には，昔からいくつか都市伝説が存在しますね。

😊ハヤト：えっ？　都市伝説!?　ちょっとビビっちゃうケド，ぜひ聞きたいですっ！

⚠ 都市伝説その①…根性試しに「圧迫面接」される!?

　一つ目の都市伝説は，**圧迫面接**に関するものです。

😊タケシ：あー，聞いたことあります。ある大学では，受験生への嫌がらせで答えられないような質問ばっかりして，とうとう泣かせてしまった…なんてウワサがあるんですが，ホントなんですか？

　ええ，たしかに，面接中に泣きだしちゃう受験生はいるようです。

😟ミノリ：やっぱり…都市伝説はホントだったんだ。本番で圧迫面接だったらどうしよう…

　結論から先にいえば，そんな心配，無用ですから安心してください。泣きだしちゃう受験生がいることは事実ですが，なにも圧迫面接が原因ってわけじゃありません。
　「圧迫面接で精神力や根性を試してるんだ」なんてことが，まことしやかにささやかれてますが，そんなのは根も葉もないウワサです。ムダにおびえない

ようにしてください。

　就職の採用面接では，面接官が寝たフリしたり，罵声を浴びせたりすることもあるみたいです。そんなことされたら，ダレだってビックリしますよね。

　大学の面接では，そんなことはゼッタイにありません。でも，たとえばこんな質問はありえます。

　「あなたの評定平均は 2.0 と非常にワルいですね。なぜですか？」
　「どうして遅刻や欠席が 120 日もあるんですか？」
　「生徒会や部活動，課外活動はなにもしていなかったんですか？」

　これは，圧迫面接でもなんでもありません。すべて事実にもとづいてたずねているにすぎません。質問の背後に悪意があるとはかぎらないんです。審査官は，純粋に疑問に感じたから聞くということがほとんどです。

　そこでへんにイイワケしたり，ごまかそうとすると，心証を悪くしてしまいます。事実は事実，正直に答えればなんの問題もありません。

　☹ミノリ：でも，「プレゼンを途中で止められた」って，泣きながら面接室を出てきた人もいるって聞いたことありますよ…

　それはおそらく，持ち時間をオーバーしたんじゃないでしょうか。そういう場合は，守らなくちゃイケないルールを無視するなど，受験生側になんらかの非があるもんです。ですから，ヘタな勘ぐりはやめましょう。

　重箱のスミをつつくような質問をする，高圧的な態度でいじわるなことを聞くなど，いわゆる**圧迫面接なんて**，**ほぼない**と思ってください。

⚠ **都市伝説その②…「地アタマ」が試される⁉**

　二つ目の都市伝説は，**地アタマ**についてです。

　ところでみなさん，後半戦に突入して，ちょっと疲れてきたんじゃないでしょうか？　ココで，アタマのリフレッシュついでに，ひとつクイズをだします！

富士山を動かすには，どうしたらイイでしょう？

　あ，気張らずに，ちょっとしたアタマの体操だと思って，リラックスして答えてくださいね。ちなみにこれは，マイクロソフト社のビル・ゲイツ会長が，採用面接でだした質問だそうですよ。

　😊ハヤト：いきなりぶっ飛んだ質問ですね…ふつうに考えたら，ムリだよなぁ…

　では，答えの一例を発表しましょう。「所在地を移す」というのが，一つの回答です。
　富士山って，何県にあるか知ってますか？

　😊ミノリ：ええと…たしか，複数の県にまたがってたような…

その通り。静岡県と山梨県の県境にあるんですね。ですから，山頂の石をどっちかにちょっと寄せて，所在地が静岡か山梨のどちらか一方に移った，つまり「富士山を動かした」ってことにするわけです。
　思わず，「う〜ん」てアタマをひねってしまう質問ですよね。

　☺タケシ：なるほど…でも，面接本番でイキナリこんな質問をされたら，面食らっちゃって，ゼッタイ答えられないよ〜

　心配になっちゃいましたか？　でも，安心してください。大学受験の面接では，こうした「地アタマ」を問うような質問は，まずでないと思っていいでしょう。
　万が一，面接官の個人的な趣味で，頭の回転やセンスを問うようなこの手の質問が出たとして，答えられなかったとしてもそれで不合格になることはありません。
　なかには，志望理由や入学後の研究についてきちんとした答えを準備できていないのに，こうした「地アタマ」系の質問対策ばかり気にする受験生がいます。
　もっとおかしいところでは，まったく一般的でないルールやマナーを気に病む人もいます。たとえば，「入室するとき，ノックは2回ですか？　3回ですか？　学校の先生には，2回はトイレのノックだっていわれたんですが…」とかね。
　将来を左右する受験の面接ですから，こうした細かい点が気になるのもムリはありません。でも，ものごとには優先順位があり，重要なことから固めるのが鉄則です。つまり，「志望理由」「入学後にやりたい研究の内容」「それによって実現される将来への志」が，面接でもっとも優先すべき事項です。「地アタマやセンスが問われる」なんて，都市伝説もいいところですよ。

「落とすため」の面接と「受からせるため」の面接
── 決定的なちがいは，おカネの流れ

このさい，ハッキリいいましょう。

大学受験の面接は，**あたりまえのことがあたりまえにできれば，必ず合格レベルに達します。**

😥タケシ：え？ そうなんですか!?

圧迫面接に負けない根性や，地アタマの良さなんて，いらないんです。就職の採用面接が「**落とすための面接**」であるのに対し，大学受験の面接は「**受からせるための面接**」だからです。

面接官は鬼じゃありません。むしろ，あなたの味方です。あなたが誠実な態度でのぞめば，相手もきちんとそれに応えてくれます。

書類選考を通過して，面接選考にたどりついたわけですから，大学側はあなたに魅力を感じていて，「ぜひ会ってみたい」と思ってるはずなんです。

だから面接では，あなたが入学後，きちんと学べるだけの基礎的な力を持っているかどうかを確認したいだけなんです。

😥ミノリ：ホントにそんなカンタンなことなんですか〜？

ハイ，大学受験の面接はラク勝です。

私といっしょに対策してきた受験生はみんな，「あたりまえのことをあたりまえにできる」をモットーにし，確実にキホンをおさえていったからこそ，合格を勝ちとることができたんです。

いったい，なぜそう断言できるのか。その理由をご説明しましょう。

昨今，「学生の就職難」が社会問題となっていることは，みなさんも知ってますよね。

じゃあ，実際，大卒者の就職って，どのくらいキビしいんでしょうか？ 倍率でいうと，どれくらいだと思います？

　😁ハヤト：10倍っ！

　あまいっ！

　😖ミノリ：100倍⁉

　まだまだっ！

　😊タケシ：えぇっ‼ そんなに高いの⁉

　学生に人気の企業ともなると，倍率は **1500倍以上**にのぼります。なんと，1500人に1人しか受からないんですよ？
　もちろん，会社によっても異なりますが，いまや内定をもらうのはほんとに狭き門なんです。

　😰タケシ：うひゃ〜，そりゃタイヘンだぁ…

　一方，大学受験の面接はどうでしょうか？ おそらく3倍前後ですよね。
　そりゃあ，入学時期や定員によっては，10倍を超えることもありえます。それでも，就職面接とは比べものになりませんよね。
　多くの大学では，一次審査で受験生をきびしいふるいにかけます。だからって，二次審査の面接は気を抜いていいってわけではありませんが…。
　3倍というのは最終的な倍率ですから，面接審査にかぎっていえば，もっと易化するわけです。

😊ハヤト：3倍ってことは，3人に1人。ってことは，受験会場で両隣の人よりデキれば，ほぼ受かるってことですね⁉

　倍率を気にするのもムリないですが，ホントに戦うべき相手はほかの受験生じゃなく，あなた自身です。ライバルというのは，他人に設定するもんじゃないんです。まわりの受験生は，いっしょに壁を乗り越える仲間です。うまくいく受験生は，おたがい助け合うことで，ともに成長しています。
　とにかく，就職面接と比較すると，少しは気が楽になるでしょう？

😊タケシ：ハイ！　1500倍と3倍じゃ，そうとうちがいますよ。

　しかし，じつは大学受験と就職の面接は，ほかのもっと本質的な理由でちがっているんです。なんだかわかりますか？

😊ハヤト：なんだろう…専門性が問われるかどうか，ですか？

　う〜ん，残念！　答えは，**おカネの流れ**です。

😊ミノリ：おカネ⁉

　どういう意味かといいますと，**どちらがおカネを払い，どちらが受けとるのか**ってことです。
　就活で内定をもらった場合を考えてみてください。あなたはその後，おカネを払う立場になるでしょうか，それとも，もらう立場になるでしょうか？

😊タケシ：そりゃ，社員として働くんだから，おカネをもらわないと。

　そう！　働いたぶん，お給料として企業からおカネをもらう側になりますね。

逆に企業は，おカネを払う側になるわけです。だからこそ，とてもキビしくあなたを審査するんです。いったん雇ったら一定のおカネを払わなきゃならないんですから，少しでも不安に思った点があれば，採用しないでしょう。
　一方，大学受験の場合はどうですか？　志望校に合格したら，あなたは入学金や授業料を大学側に納めることになります。おカネを払う側ですね。
　大学にも経営があります。経営の面からだけいえば，おカネを納めてくれる人は大歓迎です。ただ，当然ながら，ダレでもいいってわけにはいかない。つまり，自学に貢献してくれる良質な受験生なら，できれば**全員合格させたい**。これが大学のホンネです。

　😀ミノリ：大学は，私たちを受からせようとしてくれてるんですね。知りませんでした（汗）
　😊ハヤト：面接官は，キホン的には受験生を落としたくないわけかぁ…面接に対する見方が，ちょっとだけポジティブになりました！

　そうなんです！
　だからこそ，志望理由書とその後の面接で，どのくらいアピールできるかが重要なんです。志望理由もまともに述べられない受験生じゃ，いくらおカネを払ってくれるとしたって，大学側も不合格にせざるをえません。まさに自滅ですよね。こんなもったいない話はないんですよ。

2. 面接で意識すべきは,「伝え方」と「見た目」

> その場で考えたことをわかりやすく伝える
> ——面接の回答はぜんぶ準備しようとするな

😊タケシ：じゃあ,大学受験の面接では,面接官とうまく会話できれば,特別にスゴいことをいおうとしなくてもイイんですね？

そう,奇想天外な発想はまったく必要ありません。ただし,「面接官とうまく会話する」っていうのは,ちゃんと準備しないとできないことなんですよ。

なかには,思ったことをズラズラ並べたてて,「すべてだしきったぞ！」と一息ついちゃう受験生もいますが,それじゃダメ。面接でなによりも心がけるべきは,審査官に「わかりやすく伝えること」です。

そのためには,

- 「想定内の質問」をまとめておくこと
- 型を学び,自分のものにしておくこと

この2点が欠かせません。

😊ミノリ：「想定内の質問」って,なんのことですか？
😊ハヤト：会話にも,文章同様に「型」があるんですね？

ちょっと待って,ちょっと待って（汗）

一気に知りたい気持ちはわかりますが,あせらずに,一つずつクリアしていきましょう。

まず,面接での質問の種類についてです。質問には2種類あります。それは,

「想定内の質問」と,「想定外の質問」です。

「想定内の質問」からみていきましょう。「個別の質問」と「事務的な質問」に分けて,代表的なものを挙げ,それぞれ注意すべき点をまとめると,こんな感じになります。

個別の質問

- 自己紹介（簡潔に,フルネームで）
- 長所・短所（致命的なものは NG。短所は長所の裏返し）
- 高校生活（いくつかパターンが考えられる）
- 志望理由（長すぎないよう,簡潔にまとめる）
- 研究テーマ・内容（要点を整理する）
- 卒業後の進路（具体的な企業名は NG。既存の職業でなくても可）
- 最近気になるニュース（鮮度が命。研究内容に関連するものがベター）
- 一次課題について（出願から面接までに修正した点）

事務的な質問

- 併願校の有無（聞かれた場合,シンプルに併願しているかどうかだけ答える）
- 志望順位の確認（唯一,ウソをついてもイイところ）
- 経費支弁（合格したら,ダレが学費を負担するかについて。保護者の場合,「生活費は自分で工面するつもりです」など,自分のことは自分でまかなおうとする姿勢をみせる）

ほかにも想定される質問はありますが,最低限,上記の質問はでるものと思って,答えをまとめておきましょう。

> 話しベタ，あがり症に即効く「福利の法則」
> ──会話にも万能な「型」がある

　すでにお伝えしたように，会話にもコミュニケーションの「型」があります。自分が話しベタ・あがり症と思っている人も，この型に当てはめれば，ハキハキと受け答えできるようになります。まさに特効薬です。

　それが**福利の法則**です。

　☺ハヤト：フクリ？　なんですか，それ？

　「FKRI」とは，「復唱（F），結論（K），理由（R），以上（I）」の頭文字をとったものです。これに，「人々に幸せをもたらす利益」を意味する「福利」をかけました。会話力をアップさせることで，人を幸せにする型ってわけです。
　この型をつかえば，ふだん話の構成がメチャクチャで，いいたいことが相手になかなか伝わらない人でも，論理的に話すことができるようになります。これさえ守って話せば，内容のよしあしはともかく，伝え方という点で合格ラインを軽々クリアできます。
　では，順にその中身をみていきましょう。

🔔 F：復唱

　まずは復唱。これは，面接官から質問された内容をくりかえすことです。
　よくファミレスなどで，ウェイトレスさんやウェイターさんが，「ご注文をくりかえします。クラブハウスサンドがお一つ，カルボナーラがお一つ，紅茶がお二つ，以上でよろしいでしょうか？」なんて，こちらの注文を確認しますよね。アレです。
　これをやることで，**質問に対して的確に答えることができます**。質問の内容を意識することで，的外れな答えが減らせるんです。
　また，ちょっと答えづらい質問をされたときも，それをくりかえすあいだに，

どう答えるかを考える時間が稼げたりもします。
　実際の面接では，次のようにつかいます。

> 面接官：あなたの長所について教えてください。
> 受験生：ハイッ！　私の長所は，○○○です。

　☺タケシ：なるほど。こんな感じで，面接官の質問をいいなおすんですね。

　そう。たんなるオウム返しは，かえって悪印象なのでNGです。「あなたの長所は？」と聞かれたら，それを「私の長所は…」といいなおすわけです。
　それから，いいなおす前に，質問を理解しているサインとして，元気よく「ハイ」って返事することも忘れないでくださいね。

🔔 K：結論

　復唱したら，スグに結論に入ります。
　日常会話では，あれこれ前置きして，最後に結論を伝えることのほうが多いかもしれません。しかし，面接では，そういう話し方は好まれません。
　最後まで聞かないとなにがいいたいのかわからない話し方は，聞いてるほうもジリジリしちゃいます。それに，そういう話し方は，いいたいことをきちんと整理できていないことの表れとみなされるんです。ですから，**最初に結論を伝えるのが，面接でのコミュニケーションのコツ**です。そうすれば，相手はあなたがなにについて話そうとしてるのか，一発でわかります。
　さらに，「結論はこれだな」って面接官に一発でわかってもらうために，「**結論からいいますと…**」というフレーズをつかいましょう。これを入れることで，聞き手のアタマに要点がスッと入ります。
　では，具体例を示しますね。

> 面接官：あなたの長所を教えてください。
>
> 受験生：ハイッ！　私の長所は，結論からいいますと，人を巻きこむリーダーシップ能力です。

😊ハヤト：「結論からいいますと」って入れるだけで，会話がすごくスムーズになるんですね。結論ファースト，覚えときます！

🔔 R：理由

次に，結論の裏づけとなる理由を述べます。いくらなにか主張してみても，その根拠となる理由がなければ，面接官は信じてくれません。信用に足る理由を話すことで，はじめて話に説得性が生まれるんです。

たとえば，こんな感じです。

> 面接官：あなたの長所を教えてください。
>
> 受験生：ハイッ！　私の長所は，結論からいいますと，人を巻きこむリーダーシップ能力です。その理由は，バスケ部のキャプテンとして，チームをインターハイベスト8に導いたからです。

もちろん，これは一つの例であって，「その理由は…」じゃなく，「なぜならば…」といういい方でもだいじょうぶです。慣れてきたら，そのへんのアレンジは自分の好みでいくらでも変えてOKです。

ただし，**最後は必ず「…だからです」で終わる**こと。この呼応表現を守ることで，論理的な話し方になります。

1：以上

　最後に、「以上です」といって、しっかりと話を締めくくりましょう。一つの話題を話し終えた合図です。面接官が、「この受験生はもう話し終えたな」と思って次の話題に移ろうとしているのに、また話しはじめちゃった…なんていうのは、スムーズなコミュニケーションとはいえません。

　😐タケシ：いわゆる「間がワルい」ってヤツですね。

　そうそう。「これで終わりですよ」って合図を送ることで、面接官も「あれ、終わったのかな？　まだ話すのかな？　どっちだろ？」なんて迷わずにすむでしょう。
　面接官に対して、間のワルい思いをさせないような気配りができる。こうしたちょっとした礼儀が、心地よいコミュニケーションのコツなんです。
　例をみてみましょう。

　面接官：あなたの長所を教えてください。
　受験生：ハイッ！　私の長所は、結論からいいますと、人を巻きこむリーダーシップ能力です。その理由は、バスケ部のキャプテンとして、チームをインターハイベスト8に導いたからです。以上です。

　😊ハヤト：たしかに、「以上です」ってつけるだけで、まとまった印象になりますね。

　返答がちょっと長くなってしまったときには、とくに有効です。

　😊ミノリ：でも、この「以上です」って、必ず毎回つけないとイケないんでしょ

うか？

　タイミングによっては，必ずつけないとダメってわけじゃありません。「ゼッタイつけなきゃダメ」なんて思うと，かえってぎこちなくなっちゃいますからね。そのへんは場の状況に応じて，臨機応変にやってください。

　さてさて，
FKRI：復唱➡結論➡理由➡以上
この流れ，つかめましたか？　しっかりアタマにたたきこんでくださいね。
「復唱，結論，理由，以上！」
ハヤトさん，私の後についてくりかえしてみてください。

　☺ハヤト：復唱，結論，理由，以上！

　GOODです！　ハイッ，みなさんで！

　☺生徒一同：復唱，結論，理由，以上！

　すばらしい！　よくできました！

面接でいちばんやっちゃイケないこと
──「会話のドッジボール」に陥らないために

　面接では，よけいな部分は極力けずって，話をコンパクトにまとめることを心がけましょう。

　そのためには，一文をできるだけ短くしてください。字数でいうと，**50字以内に区切って伝えます**。文章のところで，「明文のキホンは一文50字」ってお話ししましたよね。会話も同じなんです。

　そして，語尾は強い**いいきり型**にする。自信をもって話していることが伝わり，説得力が増します。

　たとえばこんなふうに，区切りのない話し方をする人がいます。

　「私は中学時代，バスケ部だったのですが，進学した高校にはバスケ部がなかったため，高校では別のスポーツをはじめようと思い，サッカー部に入部しましたが，高校2年次にケガで退部を余儀なくされ，これからは受験勉強に集中したいと思い…」

　これじゃあ，一文が長すぎます。面接官は「で，結局，なにがいいたいの？」って思っちゃいます。

　また，話す時間にも注意を払ってください。さきほど「FKRI」のところで示した例，受験生の回答が短いなと思いませんでしたか？

　☺タケシ：ハイ。正直，「えっ，ホントにこんなに短くてだいじょうぶなの？ もっと説明しなくてイイの？」って思いました。

　面接では，1人が話し終えるまでの時間は，**およそ30秒**と思ってください。つまり，面接官が質問し，受験生がそれに答える，この一つのやりとりで，約1分ってところです。

　☹ミノリ：「30秒ルール」かぁ！ 覚えやすいケド，さすがに短すぎませんか？

では，ちょっと試してみましょう。目をつぶって，1分＝60秒，かぞえてみてください。イイですか，しっかりかぞえてくださいね。
　じゃあ，いきますよ。ヨーイ，ドンッ！

ハイ，終わりです！

　😊ハヤト：あー，やっと終わった〜
　😐ミノリ：すっごく長く感じました！

　そう！ 60秒って，意外に長いんですよ。面接はコミュニケーションです。どちらかが一方的に長々と話しつづけてしまったら，コミュニケーションは成り立ちません。
　テンポのイイ会話を，「言葉のキャッチボール」なんて表現しますよね。おたがいに言葉がポンポン飛びかっているような状態です。こんなふうに会話できたら理想的です。一つのやりとりが60秒くらいの会話が，サクサク展開される感じがベストです。
　でも，なかには言葉のキャッチボールならぬ，**言葉のドッジボール**になってしまう人もいます。コミュニケーションなんておかまいなしに，一方的に自分のいいたいことを「ボーンッ！」と投げつける。

☹タケシ：それじゃ，聞いてる方は迷惑だし，困っちゃいますね。

　とくに面接では，限られた時間のなかで自分を理解してもらおうと，ついアレもコレも，聞かれてないことまで，ぜんぶいいたくなっちゃうんですね。
　でも，それじゃ会話を混乱させるだけです。相手（面接官）が30秒で話したら，あなたも30秒で返す。このくりかえしが理想型です。
　もちろん，内容によっては，一つのやりとりがもっと短くなったり，長くなったりすることもあります。「一回60秒」はあくまでもめやすですが，とにかく延々と話しつづけてしまわないように注意してくださいね。

☹ミノリ：考えてもわからない質問をされたら，どうすればイイんですか？

　わからないことを聞かれる。いつもなら答えられるのに，緊張でアタマが真っ白になっちゃって言葉に詰まる…面接では，そういうアクシデントも十分ありえます。
　さきほど，「想定内の質問」という話をしましたよね。それに対して，事前に準備できずに，その場で考えて答えなければならない質問が「想定外の質問」ってことになります。
　想定外の質問をされたとき，**なにも答えずに黙りこんでしまうのは，面接でいちばんやっちゃイケないことです**。泣き出しちゃうなんて論外ですね。もうその時点で一発アウトです。
　面接での沈黙は，なんの価値も生みだしません。たとえ心ではなにか考えていたとしても，意思表示しなければ相手には伝わりませんし，ただの思考停止とみなされちゃいます。
　そんなときも，やっぱり頼りになるのは「型」です。これをつかえば，どんな質問だってなんとか乗りきれます。
　たとえば，「あなたは〇〇という用語の意味を説明できますか？」——こんな

質問をされたときは，次のように答えればイイんです。

「(ハイッ!) 私は，○○という用語の意味について，いまは説明することができません。(申しわけありません。) なぜなら，習ったのが高校1年次だったので，記憶が曖昧になってしまっているからです。入学までには教科書を復習して，○○について完璧に説明できるようにします。以上です」。

ね？ 黙りこんじゃうのと比べて，コレならそこまで悪印象じゃないでしょ？

ちなみにこの場合，説明できないわけですから，最初の「ハイ!」は誤解を避けるため，抜いてもイイかもしれません。

さて，ここでたいせつなのは，「説明できない理由」です。勉強不足なのか，例にあるように以前習ったけど忘れてしまったのか，そもそも習っていないのか，はたまた緊張からド忘れしてしまったのか…。

知らないこと，忘れたことは，いくら考えたってでてきません。緊張しがちな面接ではなおさらです。そこは素直に，「知らない」「忘れた」といってイイんです。重要なのは，なぜ知らないのか，今後どう努力して知識を獲得したいのかを，論理的に説明することなんです。

☺ハヤト：わからないときは，正直に「わかりません」っていってイイんですね。

ハイ。ただし，コレを面接中につかえるのは**1回だけ**。それも，知識を問われたときだけです。

☺タケシ：この型をつかえば，「想定外の質問」もこわくないですね! 原則，質問に対しては，なにかしら答える努力をすればいいんだ。

そう。内容はなんでもイイとはいいませんが，人とちがうことをいってやろうなんて，ヘンに意気ごむ必要もありません。シンプルでかまいませんので，できるだけその場で考えたことを，素直に伝える努力をしてください。

> 「人は見た目が9割」って，ホント？
> ――「スマホ」は見た目磨きの最終兵器

😊タケシ：よしっ，コミュニケーションの型も学んだことだし，これで面接も楽勝ですね！

おやおや？ それはどうでしょうか？ 実際にやってみないことには，ホントにできてるかどうかはわかりませんよ？

「知ってること」と，「できること」と，「つかいこなせること」は，それぞれちがいます。「知ってること」「できること」の段階で満足してたら，本番で足もとをすくわれます。

つかいこなせるつもりになってて，じつはぜんぜんできなかった，なんてこともザラにあります。ですから，型を学んだら，あとはひたすら練習してください。練習を積んではじめて，つかいこなせるようになるんです。

😊タケシ：そうでした…自己分析のときに，自分のことを客観視するのって，むずかしいことなんだって学んだはずなのに，うっかりしてました。

それと少し関連する話なんですが，みなさん，こんな衝撃的なデータがあるのを知ってましたか？

人は見た目が9割――。

😊ハヤト：えーっ！ そんなにビジュアルが重要なんですか!?
😐ミノリ：そりゃあ，見た目も最低限は気をつけたほうがイイだろうけど，やっぱり，**なにを話すか**が重要なんじゃ…

「話す内容が重要」ってのはその通り。ですが，心理学的にはこんな研究結果があるんです。次のグラフをみてください。

メラビアンの法則

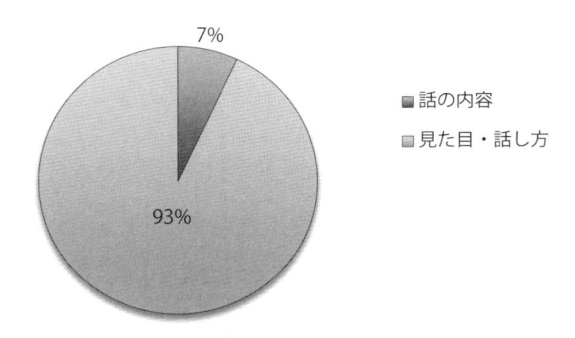

- 話の内容 7%
- 見た目・話し方 93%

これは、俗に「**メラビアンの法則**」って呼ばれてます。

☹ タケシ：メラビアン？

　この法則を発見した、アルバート・メラビアンという心理学者の名前にちなんだ名称です。

　メラビアンさんは、人間どうしのコミュニケーションが、たがいの感情や行動、態度でどんなふうに影響されるかを実験で確かめたんです。実験の結果によると、影響を与える割合は、「話の内容などの言語情報」がわずか7%。残りの93%は、「見た目（視覚情報）」が55%、「話し方（口調や発話の速度などの聴覚情報）」が38%だったんですね。

　この法則が、とくに面接のような場合には、かなり当てはまるんです。

　私は決して、「話の内容はどうでもいい」とか、「すべて見た目で決まる」っていいたいわけじゃありません。ただ、面接においては、この「見た目」の力、あなどるとイタイ目にあうよ、ってことなんです。

　制服はヨレヨレじゃありませんか？ 面接前にちゃんとクリーニングに出しましょう。

髪はきちんと清潔にし，整えられていますか？ **髪の乱れはココロの乱れ**。寝グセなんてもってのほかです。
　顔の造作とかスタイルなんて，どうでもいいんです。たいせつなのは，**他人に不快感を与えない，清潔でこざっぱりした身だしなみ**と，**元気な声，明るい笑顔**です。くれぐれも，**見た目を軽視しちゃイケない**ってことを，肝に銘じておいてください。
　それに加えて，さっきお話しした次の項目も必ずチェックしてください。

- 一文50字以内で区切って話せているか
- 30秒以上，話しつづけていないか
- 語尾は強いいいきり型になっているか

　😥ミノリ：でもこういうのって，客観的にチェックしようとしても，自分一人じゃムリでしょう…。なにかイイ方法はないですか？

　ココで，プレゼン練習で威力絶大の最終兵器，**スマホ**の登場です！

　😣タケシ：ええ!?　スマホが面接で役に立つんですか？

　ハイ！　切り札として大活躍してくれます。スマホを動画モードにして，模擬プレゼンの様子を撮影するんです。
　終わったら録画をみてチェックします。すると，話しながら髪の毛をさわるヘンなクセがあるとか，ダラダラ話しつづけちゃってるなどなど，いままで気づかなかった欠点をみつけることができます。

　😊ハヤト：スマホは，受験が終わるまで極力いじらないように心がけてました（汗）今日からぜひ，有効活用したいと思います！

3. 「質問の意図」をくみとることが上手な会話のコツ

> 「質問はありますか？」は，最後のアピールチャンス！
> ——面接官にしてイイ質問，ワルい質問

　面接だと，つい話すことばかりに気がいってしまいますが，じつは，会話のよしあしは，「**聴く力**」で決まるといっても過言じゃありません。

　☺タケシ：「聴く」ってのは，ただ黙ってシーンとしてるってことじゃありませんよね？

　そう，相手の話をうながすのも，「聴く」技術の一つです。
　たとえば，うなずきながら合図を送ったり，参考になるアドバイスをいただいたときには「そのご意見，勉強になります」っていったりするんです。
　すると相手は，「あ，この受験生は，人の話をちゃんと聴いてるな」って思うんです。
　この「聴く力」は，どんな会話でも有効です。ダレでもできることなんですが，実践している人はごくわずか。だから差がつくんですね。
　ただし，ぶっつけ本番ではムリですから，ふだんから「聴く力」を鍛えておきましょう。
　「聴く力」のなかでも重要なのが，「**質問力**」です。
　質問にも，面接官にしてイイ質問とワルい質問があるんです。

　☹ミノリ：しちゃいけない質問って，たとえばどんなのですか？

　たとえば，面接のおしまいではたいてい，「最後に質問はありますか？」って聞かれると思います。なかには，「最後に言い残したいことは？」なんて聞かれ

るケースもあるそうですが（笑）

　この質問が出たら，面接が終了に近づいているサインです。ここで，調べればスグわかること，ヒントじゃなく答えを聞こうとするのは，「ガッカリ質問」ですから NG です。

　面接では，これまでのあなたの学びに対する姿勢がストレートに出てしまうんです。ここでガッカリ質問をしちゃうと，学問や研究に対してさほど熱意がないんだな，と思われてしまうかもしれません。熱意をアピールできる最後のチャンスだと思ってください。

　くれぐれも，「**とくにありません**」なんて答えちゃダメですよ！　一見すると，面接官の時間を浪費しない気配りみたいにみえますが，私にいわせれば，もったいないことこのうえない！

　☹ハヤト：けど，ほかにどんな答え方があるっていうんですか？　この段階で，志望校についてはしっかり調べてあるんだから，いまさら質問することなんてないんじゃないかなあ。

　すべての質問には意図があります。意図を無視して，自分のいいたいことだけ話してオワリ，というんじゃ，会話として成立してません。

　面接官は，なぜ「最後に質問はありますか？」と聞くのか。ほんとうはなにを聞こうとしているのか。相手の質問の意図を考え，それをくみとることがたいせつなんです。

　さて，この「質問はありますか？」っていう質問の意図は，なんだと思いますか？

　☹ハヤト：え…意図っていわれても…そのまんまの意味じゃないんですか？

　じゃあ，こうしましょう。この質問の意図を，「**最後に自己アピールをしますか？**」に，とらえなおすんです。

「質問はあるか」って聞かれてはいるけど、とくに聞きたいことは残っていない。だったら、「質問」じゃなく、自己アピールをしちゃいましょう。それが、面接官の質問の隠れた意図なんです。

> 　〇〇大学〇〇学部こそが、私にとって揺るぎない第一志望校であり、他校を受験することは考えられません。絶対に合格できるという自信はありませんが、合格するまであきらめない自信はあります。どうか私に入学の機会を与えていただけますと幸いです。

　こんなふうにいえば、最後まで好印象ですよね。とくに、面接中にうまく自己アピールできなかった人にとっては、最後のチャンスなんです。「質問」を「自己アピール」に変換しましょう。

　😖ミノリ：でも、「質問はあるか」って聞かれてるのに、勝手に自己アピールしちゃってイイんですか？

　面接官の質問の意図をくみとったうえでのことですから、イイんです。
　よくあるパターンとして、「入学までに読んでおくべき本はありますか？」なんて質問する受験生がいます。無難な対応にみえますが、じつはコレ、注意が必要です。
　自分から聞いておきながら、面接官がそれに答えてくださっても、「あ、そうですか。ありがとうございます」って返事して、メモすらしないでおしまい。そういう受験生が多いんです。これじゃ、ていねいに答えてくださった相手に失礼ですし、「なんだ、おざなりに聞いただけだな」と思われてもしかたありません。
　面接は、大学教員の方々から貴重なアドバイスをもらえるチャンスです。ふだんはなかなかお会いできない先生方とお話しできる、めったにない機会です。相手の知識を積極的に吸収しましょう。

そのためにも，面接には手ぶらで行ってはイケません。

😀ハヤト：え，なにか持っていくんですか？
😄タケシ：ま，まさか，貢ぎ物やお土産…ワイロとか？

ちがいますよっ（笑）

面接の必勝アイテムは,「**ペン**」と「**メモ帳**」です。面接官からのアドバイスは,「ふむ，ふむ…」と聞くだけじゃなく，その場でメモするようにしましょう。

メモをとるしぐさが，これまた面接官に好印象を与えるんです。「人の話をしっかり聴いて，メモまでとってるな。これなら，入学しても講義についてこれそうだ」と感じるはずです。

ただし，これもぶっつけ本番だと，しぐさが身についていないことが一発でわかっちゃいますから，要注意。面接で自然にやるためには，ふだんからメモをとるクセをつけておくことです。思ったこと，考えたことを，ササッと箇条書きにするだけで OK ですよ。

> 言葉をたいせつにしていれば，掘り下げられてもだいじょうぶ
> ──コンピテンシー面接に小手先は通用しない

　😊タケシ：「想定内の質問」に関しては，だいたいわかりました。「想定外の質問」への対応についても，もうちょっとくわしく教えてください。

　「想定外の質問」っていうのは，会話の流れのなかで，面接官が個人的な興味・関心から聞いてきたり，疑問に感じたことを聞いてくるケースです。

　😟ハヤト：突拍子もない質問をされたりすることもあるんですか？

　たま〜にありますね。私の塾生の一人は，ふとした会話のはずみで，「『ONE PIECE』で好きなキャラクターは？」と聞かれたそうです。その受験生は，日本のポップカルチャーの研究を志望してたので，テーマ的には想定外ってわけでもないんですけどね。でも，大学の先生が『ONE PIECE』なんて口にするはずないっていう思いこみもあったんでしょう，ビックリしたようですよ。

　😊ハヤト：そりゃビックリしますよ〜（笑）ぼくも聞かれるかなぁ。聞かれたら，どのキャラクターを答えようかな〜

　こういう質問には，当然ながら「正解」なんてありませんから，素直に好きなキャラクターを答えてかまいません。ただ，どんなところに魅力を感じているのか，その理由も簡潔に添えるようにしてくださいね。

　😊タケシ：「想定内の質問」と同じように，事前に回答をまとめておいたほうがいいんですかね？

　いやいや，「想定外の質問」なんですから，基本的にはムリですよ。いまの例

はたまたま『ONE PIECE』でしたけど，なにが飛びだしてくるか，あらかじめぜんぶ予測して，回答を用意するなんて不可能です。そんなことしてたら，時間がいくらあっても足りません。

　しかし，面接をする側には，こうした想定外の質問にもやっぱり意図があるんですね。こういう手法を，**コンピテンシー面接**っていいます。

　☹ミノリ：コンピテンシーって，なんですか？

　コンピテンシー（competency）は，資格とか能力を意味する言葉です。心理学では，「高い業績を上げる人の行動の特徴」を分析するのにつかわれる概念です。コンピテンシー面接はそこから派生したもので，受験生がどんな状況で，どんな行動をとり，どんな結果をだしたか，それを聞きだすことで，将来の行動を予測する手法です。

　☹タケシ：うわ～…ちょっとこわいな。いろいろしつっこく聞かれたらどうしよう…

　質問の内容自体は，たいてい「高校時代に力を入れたことはなにか？」など，特別なことではないんですよ。ただ，おもに過去の事実にもとづいて話すことになるので，話を盛りにくいんです。見栄を張ってちょっとしたウソを混ぜたりすると，あとで話のつじつまが合わなくなってタイヘンなことになりますから，くれぐれも正直に事実だけを話すようにしましょう。

　☺ハヤト：大学側は，事実にもとづいてシビアに判断できるってわけかぁ。コンピテンシー面接，おそるべし（汗）

　また，コンピテンシー面接では，**事前に丸暗記してきた答えをそのままいうのは NG** です。

まるでロボットみたいに，丸暗記したセリフを延々としゃべる受験生がいますが，これはゼッタイやめましょう。いかにも「丸暗記してきました」っていうあの感じは，面接では嫌われます。

　想定外の質問に対しては，その場で考えたことを，素直に，わかりやすく伝えることに集中してください。

　重要なことなんでもう一度いいます。面接官がみているポイントは，「気の利いた答えができるかどうか」じゃありません。あなたが**自分の考えを，自分の言葉で，わかりやすく伝える能力を持っているかどうか**です。「流行りの言葉をつかってやろう」みたいな，小手先のテクニックは通用しません。

　☺ミノリ：わかりました…でもやっぱり，気になっちゃいます。コンピテンシー面接に対して，なにか準備しておけることってないんですか？

　質問の意図がどうしてもつかめない場合は，素直に「いまのご質問は，○○ということでしょうか？」と，逆質問してみるのもテです。それを糸口に，会話を進めるヒントがみえてくるかもしれません。

　しかし，そもそもAO・推薦入試のコンピテンシー面接は，「成果」を問うのが目的ではありません。問われているのは，「過去と同様の熱意と努力で，成果をだせる可能性があるかどうか」です。面接官は，あなたがこれまで力を入れてきたこと，取り組んだことをくわしく聞くことで，「成果の再現性」を確認し，大学が求める人財かどうかを判断します。だから，過去の事実を，あなた自身の言葉で，ていねいに話せばだいじょうぶですよ。

　ここで生きてくるのが，**キャリアデザインシート**と，控えでとっておいた**志望理由書のプリントアウト**です。1時間目で，あなたの「過去・現在・未来」を整理しましたよね？　あれを面接日までにしっかりアタマにたたきこんでおきましょう。面接当日も持参すれば，イザというとき安心です。

★Memo★
　3時間目で気づいたことや気になったことがあれば，ぜひメモしておいてください。

4時間目：「管理力」のキホン

～人事を尽くして天命を待つ～

1 逆算方式で成功をつかむ「時間管理術」　　　　　　　　　　　　　134

- ダンドリを制する者は時間を制す
  ——ゴールからスタートまでを逆算する………134
- 時間に余裕のある高1・2生は資格に挑戦しよう
  ——AO・推薦入試で確実に有利になる資格とは？………138
- 「PDCA」サイクルを回そう
  ——PDCAには大小2種類ある………141

2 ピンチをチャンスに変える「危機管理術」　　　　　　　　　　　　144

- 困ったときのアドミッション・オフィス
  ——被害を最小限におさえる危機管理術………144
- 宿泊ホテルはいつ予約するのが正解？
  ——本番当日のシミュレーションをしよう………145
- PC関連機器の不具合はつきもの
  ——機器の不具合を危機にしない3つの予防策………146

3 人生を120%謳歌するための「健康管理術」　　　　　　　　　　　147

- なぜ，デキる人はコンディションにこだわるのか？
  ——なにごともムリは長続きしないと心得よ………147
- 急な腹痛におそわれたら…
  ——試験当日は薬を持参しよう………149
- メンタルがやられそうなときに効く5つのサプリ
  ——ココロはただ鍛えればイイってもんじゃない………151

1. 逆算方式で成功をつかむ「時間管理術」

> ダンドリを制する者は時間を制す
> ──ゴールからスタートまでを逆算する

　いよいよ，最終時限になりました。もうひと息です，ファイト！

　☺タケシ：よっしゃ，がんばります！

　2009年に，岩崎夏海さんが書いた『もし高校野球の女子マネージャーがドラッカーの『マネジメント』を読んだら』という本が爆発的にヒットしたことで，高校生にとっても「マネジメント」(管理)という言葉が身近になりましたよね。

　☺ハヤト：「もしドラ」ですよね！　ぼく，読みました。4時間目はたしか，「管理力のキホン」でしたよね？

　そうです。まずは，結果を大きく左右する**時間管理**からスタートします。
　私はこの授業の冒頭で，「時間は命の断片だ」っていいました。これはつまり，「スピード追求・競争・損得」の時代が終わりをむかえ，だれもが一度きりの人生を謳歌することができるよう，他者への思いやりや心の豊かさが試される「志の時代」が到来している，ということです。
　しかしながら，どんな時代であれ，価値の鍵をにぎるのは，**時間のコントロール**です。
　効率重視だけじゃ，受験も人間関係もうまくいきません。だからといって，ダンドリが悪くちゃ，時間ばかりかかってものごとが進みません。
　志望理由書もそうです。志望理由書の作成には，十分な時間的余裕をもって取り組みましょう。

書き終えた志望理由書をだれかに添削してもらうにしても，まずは添削者探しからはじまって，相手が見つかったらその人の都合も考えなくちゃイケません。出願直前になって，血相を変えて飛びこんできて，
　「締め切り，明日なんです（汗）なんとか今日中に添削してもらえませんか？」
なんてあわてたって，相手のスケジュールによっては今日明日にチェックしてもらうことはできないかもしれません。こうなったらもう手遅れです。

　☺タケシ：直前になってあせらないためにも，時間管理は欠かせないってことかぁ～

　そうです。**ダンドリを制する者は，時間を制す！**
　受験でも，仕事でも，デートの下準備でも，なにかコトを進めるにあたってダンドリは欠かせません。

　☺ミノリ：デートで手際よく相手をエスコートできる人って，ステキですよね。

　そうでしょう。そして，スマートなダンドリとは，時間管理の力なんです。
　ここではまず，時間コントロールの有効な方法として，**逆算方式**をご紹介します。
　受験本番までのスケジュールを，現在から逆算して計画を立てていくんです。この段階では，細部まできっちり計画する必要はありません。まずは大まかなスケジュールを立ててみましょう。
　次にかかげる表は，大学受験にかかわる年間の日程です。
　ちなみにこれは，2016年1月現在での日程です。試験の制度変更にともない，日程も変わりますので，最新情報をつねにチェックしてくださいね。

	AO入試	推薦入試	センター試験	私立大学	国公立大学
5月	要項の発表開始				
6月	試験のピーク ● エントリーシートの提出（書類審査） ● 面接・面談	要項の発表開始		入試概要発表開始	
7月		募集要項（願書）配布	実施概要等の発表	募集要項（願書）配布	選抜要項配布開始
8月					
9月					
10月		試験のピーク ● 書類審査 ● 適性試験 ● 面接・面談 ● 小論文など	出願		
11月					
12月					募集要項（願書）配布
1月			センター試験		
2月				試験のピーク ● 学科試験 2～3教科 ● センター利用入試 2～3教科	前期試験
3月					後期試験

これをみると，AO・推薦入試は一般入試と比べて，かなり早い時期におこなわれることがわかります。

　☺タケシ：4月に入ってからじゃ，もう受験まで1年を切っちゃってるんですね。

　そうですね。AO・推薦入試を志す受験生は，高校3年生になった春から対策をはじめたんじゃ，「時すでに遅し！」という可能性もあるんです。できれば，もっと早い段階から準備をはじめたいところです。
　AO・推薦入試の要項が発表されるのが5〜6月。そこから秋までが試験のピーク。ということは，できればその1年前，つまり**高2になった春ごろから**，3時間目までにご紹介したいくつかの実践，

● キャリアデザインシート
● 「天声人語」ノート
● フレームワークをつかった自己分析

　などに取り組みはじめたほうがいいってことです。
　また，志望校によっても試験日程は変わってきますので，ぜひ自分の年間スケジュール表を作成し，つねに全体をみわたせるようにしておくことをおすすめします。

時間に余裕のある高1・2生は資格に挑戦しよう
―― AO・推薦入試で確実に有利になる資格とは？

☺ハヤト：時間は有効につかわなくちゃイケないってことは，アタマではわかってるんですが…受験までまだ時間があるなって，どうしてものんきにかまえちゃうんですよね〜。高1・2年生のうちからやっといたほうがイイことって，なにかありますか？

一ついえるのは，資格試験の勉強は，高1・2年生からやっておいて損はないってことです。

☺ハヤト：なるほど，資格かぁ〜。それは考えつきませんでした。AO・推薦入試で有利な資格って，あるんですか？

それは，人によってちがってきます。たとえば，アピールポイントが「英語力」なら，英検2級以上やTOEICスコア650点以上を持っていれば，十分ウリになるはずです。しかし，英語が得意な人が「野菜ソムリエ」の資格を持ってても，直接的にはアピールになりませんよね。もしかしたら「ほぉ〜。すごいね」くらいはいってもらえるかもしれませんが，自分のアピールポイントを強化する役には立ちません。

逆に，農学部志望で，「将来は野菜のおいしさや選び方のコツを伝えるスペシャリストになりたいです！」って人なら，野菜ソムリエの資格は絶好のアピール材料になるかもしれません。

つまり，自分のウリにしている能力を証明してくれるような資格が，AO・推薦入試で有利になるってことです。

ただし，ほとんど知られてませんが，**「持ってるだけでポイント高い」**とされる検定があります。それが**語彙・読解力検定**です。

語彙・読解力検定を「評価の参考にする」としている大学・学部の例

大学・学部名	利用の仕方	概要
高崎経済大学 地域政策学部	参考利用	活動実績報告書（出願時提出）の評価対象とする
國學院大學 全学部	参考利用	評価の観点の一つとして参考にする
駒澤大学 文学部 （英米文学科，歴史学科）	出願資格	出願条件の「各種検定試験」の一つとする
法政大学 　キャリアデザイン学部	参考利用	参考にする，評価することがある
武蔵大学 　人文学部 　社会学部	参考利用	参考ていどに利用する
東京都市大学 　工学部 　知識工学部 　都市生活学部 　人間科学部	参考利用	アピールの材料とみなし，参考にする
武蔵野美術大学 造形学部	参考利用	出願書類に受検結果を記載してきた場合は，評価の観点の一つとして参考にする
立正大学 法学部	出願条件	出願条件の「資格」の一つとする
同志社大学 　商学部 　文化情報学部 　スポーツ健康科学部	参考利用	AO入試における「自己紹介」「自己アピール」として活用可能

（2015年5月現在）

　「語彙・読解力検定」は，朝日新聞とベネッセが共同開発したもので，公式サイト（http://www.goi-dokkai.jp/）には「社会で役立つ実践的な『ことばの力』を測定することができる」とあります。上記を含めた**300以上の大学・短期大学**のAO・推薦入試のほか，160以上の企業の採用試験で評価されているそうです。レベルは1級から4級まであって，受験料は級によってちがいますが，だいたい3000円〜6000円くらいです（2016年1月現在）。

☺タケシ：受験でも就活でも役立つなんて，一石二鳥ですね！

　そうなんです！
　どの大学・学部が審査基準の一つとして考慮しているかは，**「語彙・読解力検定」の公式サイト**で確認してください。もしそのなかにあなたの志望校の名前があったなら，ぜひ取得に向けてチャレンジしてほしいと思います。なにしろ，大学が「持ってれば加点しますよ」と公言しているも同然なんですから。時間とお金をかけて取得する価値は十分にあるでしょう。
　また，サイトにはミニ検定コーナーなんかもありますから，まずは腕だめしにチャレンジしてみるといいと思います。

「PDCA」サイクルを回そう
——PDCAには大小2種類ある

　もう一つ，時間を効率的につかい，ダンドリよくものごとを進めていくために有効な方法をお知らせします。それが「**PDCAサイクル**」です。
　PDCAとは，「**P**lan，**D**o，**C**heck，**A**ction」の頭文字をとった言葉です。それぞれ，

- Plan：計画を立てる
- Do：実行する
- Check：評価する
- Action：改善する

という意味です。

　☺タケシ：えっと，「サイクル」ってことは，計画から改善まで順番に1回ずつやって終わり，じゃないってことですか？

　お，勘がイイですね。そうなんです。P ➡ D ➡ C ➡ Aとやったら，またPからはじめる。それをくりかえす，循環するから，「サイクル」なんです。
　このサイクルをクルクル回すことで，継続的に改善していくわけです。

　☹ハヤト：どーして，なんども回すんですか？

　1回だけじゃ，めざすレベルには到達しないからです。継続的に回して成長してくことで，あなたが目標とするレベルまで上昇していくんです。
　これは入試や資格試験など，期日が決まっているものに対しては非常に有効です。

😊ミノリ：なるほど〜。これ，受験が終わったあとも，なにか目標を達成したいときに重宝しそうですね。

その通り。と，ここまで理解してもらえたら，もう一つ，付け加えたいことがあります。
じつは，PDCAサイクルには，大と小の2種類あるんです。

😊ハヤト：大きいPDCAと，小さいPDCA？

そう，両者をつかいわけることで，ムリなく目標を達成することができます。

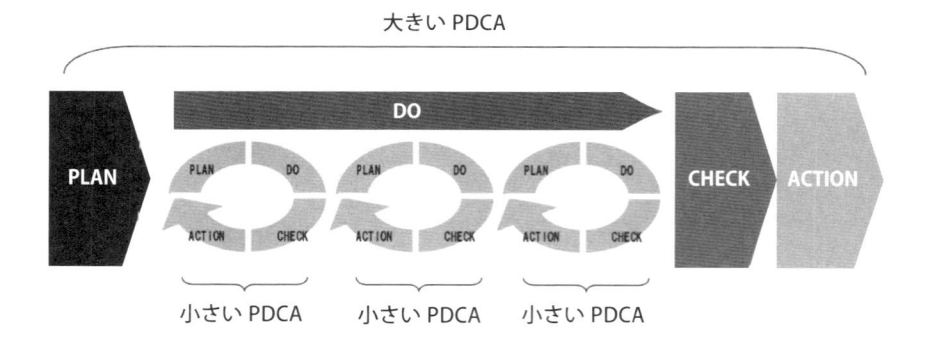

大きいPDCA

| PLAN | DO | | | CHECK | ACTION |

小さいPDCA　　小さいPDCA　　小さいPDCA

まず，**大きいPDCA**は，受験対策のスタートから本番までのサイクル。対策開始時に決める，大まかなダンドリのことです。
一方，**小さいPDCA**は，大きいPDCAのチューニングです。つまり，大きなPDCAを回していくうちに生じたズレの微調整を指します。
人生，計画通りに進むことのほうが少ないですから，小さいPDCAが必要になるんですね。

😊ミノリ：ハイ，むしろ計画通りに進まないことのほうが多いです…

　それがふつうですよ。モチベーションが上がらなかったり，思ってたより作業が難航するといったことも，十分に予測できます。

　☹タケシ：志望理由書を書くのに予定よりも時間がかかっちゃったり，資格試験に一発で受からなかったり…

　そうそう。ですから，大きいPDCAを完了させるためには，小さいPDCAを回して，こまめに進捗を確認・修正していくことが必要なんです。
　PDCAは，社会人になってからも，仕事などでかなり役立ちます。ぜひ，いまのうちから身につけてくださいね。

2. ピンチをチャンスに変える「危機管理術」

> 困ったときのアドミッション・オフィス
> ——被害を最小限におさえる危機管理術

　危機管理といっても，なにかむずかしいことをするわけじゃありません。ココでも，あたりまえのことしかやりません。

　受験にピンチはつきものです。イザというとき，あわてふためかないために必要なのは，いろんなことを事前に予測して準備しておくことです。

　危機管理の本質は，「人事を尽くして天命を待つ」です。

　ところで，ココで復習です。「AO入試」って，なんの略称でしたっけ？

　😐ミノリ：えっと…なんだっけ？

　おや？　忘れちゃった人もいるようですね。AO入試とは，**アドミッション・オフィス入試**の略です。

　😊ミノリ：あ，そうだった！　「オフィス」ってついてるけど，どんなことしてるとこなのかイメージできなかったんで，覚えられませんでした（汗）

　たしかに，「アドミッション・オフィス（Admissions Office）」って，日常では聞きなれない言葉ですよね。日本語では「入学管理局」って訳されるんですが，なにしているところなのか気になりますよね？

　一言でいえば，学生の募集から選抜まで，**入学事務に関する仕事全般**をするところです。

　入試のことでわからないことがあったら，ココに連絡してください。

　「**困ったときのアドミッション・オフィス**」，そう覚えておいてください。

宿泊ホテルはいつ予約するのが正解？
──本番当日のシミュレーションをしよう

　試験・面接などの前日になって、「泊まる宿がない！」なんてことになったらアトの祭り…。これじゃ、翌日の本番に影響しかねません。

　よく「試験は水もの」なんていったりしますが、当日はホントになにがあるかわかりません。思わぬ緊急事態に右往左往しないよう、事前にシミュレーションをしておくことが不可欠です。

　試験会場が遠方の場合は、少なくとも前日には現地入りしておくのが安心です。当日、天候が悪化したり、交通機関が止まるなど、どんなアクシデントに巻きこまれるかわかりませんからね。

　ところでその宿泊先ですが、予約はいつするのがイイんでしょうか？

　答えは、**「受験日が決まったらスグ」**です。

　😅ハヤト：そんなに早く予約しないといけないんですか!?

　受験生の多くは、そこまで早い時期に予約しないでしょうね。せいぜい入試の1か月前とか。なかには本番直前の人もいます。

　ですが、考えてみてください。遠方から来る受験生は大勢います。そしてその多くは、宿泊費を節約するため、競って「前日入り」を確保しようとします。すると、入試が近くなるころには、どこのホテルも満室ってことになっちゃいますよね。

　試験会場のキャンパスに近くて、快適で、値段もお手ごろな宿泊先をゲットしたいなら、ギリギリじゃ間に合いません。受験日が決まったら、速攻で予約を入れましょう。

　また、ホテルによっては、静かな部屋や夜食、空気清浄機・加湿器などの設備にまで配慮してくれる「受験生応援プラン」もあるので、ぜひ調べてみてください。

PC関連機器の不具合はつきもの
──機器の不具合を危機にしない3つの予防策

　AO・推薦入試の二次審査では，あらかじめ数分間のプレゼンが課される場合があります。
　なかには，口頭での説明だけじゃなく，パソコンをつかったり，紙芝居形式でプレゼンをする人もいます。
　最近はとくに，パワーポイントなどを駆使して説明する人も増えています。

　☺ミノリ：高校の授業でつかい方を習いましたケド，私，機械オンチなんで心配です（汗）
　☺ハヤト：パソコン持ってくのはいいとして，本番になって，急に動かなくなっちゃったらどうしよう…

　うんうん。不思議なことに，こうした機器って，なぜか本番になると固まっちゃったり，故障しちゃったりするんですよね。いままで正常だったのに…。

　☺タケシ：機械も緊張しちゃうのかも（笑）

　ホントにそうかもしれませんね〜。
　だから，持ちこみ資料は，**パソコンとUSBと紙媒体**の3つに分けて持っていきましょう。万が一，パソコンのハードディスクに保存していたはずのデータが消えてしまっていても，USBから移せます。本番でパソコンがうまく作動しなかったりしても，紙媒体があればプレゼンできます。

　☺ハヤト：なるほど！　いくつも予防策を講じとくんですね。3つあれば，さすがに安心です。

3. 人生を120％謳歌するための「健康管理術」

> なぜ，デキる人はコンディションにこだわるのか？
> ——なにごともムリは長続きしないと心得よ

　みなさん，いままでに，高校の定期テストや夏休み・冬休みの宿題で，徹夜した経験ありませんか？

　😄生徒一同：あるある（笑）

　私もたま〜にやっちゃいます。締め切りに間に合わなくなりそうなときなんか，一気にガァーッとやろうって…。ふだん以上に集中するんで，それなりにはかどるんですよね。
　でも，AO・推薦入試のように，これまでの過程が重視される場合，**ムリは禁物**です。限界を超えてがんばれるのは，短期集中型のときだけです。
　とくに，健康はだいじだってわかってるはずなのに，若いうちはついつい軽んじちゃうものです。AO・推薦入試では，いままでのあなたの生き方，人生そのものが問われます。これまでの人生で蓄積したものが本番で評価される。ずーっと不健康な生活を送ってきた人は，高い評価を得ることはできません。

　😞ミノリ：これからは，徹夜には気をつけよっと！

　心配なのは，徹夜だけじゃありませんよ。受験だというので，昼夜逆転の生活，送ってませんか？

　😅ハヤト：ギクッ…

合格者のなかには，短期集中で乗りきった人もいるかもしれませんが，かりにそれで受験は突破できたとしても，その後の人生も同じようにうまくいくとはかぎりません。むしろ，人生を通じて不規則な生活を送ってる人は，必ずどこかで停滞します。

　健康管理は受験にかぎったことじゃなく，生きてくうえでキホン中のキホンなんです。

　69ページでお話しした，「マズローの欲求5段階説」を思いだしてください。人間の欲求のうち，いちばんベースにあるのが「生理的欲求」でしたよね。

　「よく寝て，よく食べる」といったあたりまえのことがきちんとできてないと，実力は存分に発揮できません。受験では，コレができない人がけっこういて，本番で息切れしちゃうんです。

　☺タケシ：ココでも，あたりまえのことがきちんとできてる人は少ないのかぁ。

　まずは，早寝早起き，一日三食，規則正しい生活のリズムづくりからはじめてみましょう。

　ムリせず，コツコツと継続した人だけが，ホンモノの成功を手に入れることができます。「**継続は力なり**」です！

　そのうえで，いまからできる健康管理術についてご紹介しましょう。

　健康管理には，「カラダの健康管理」と「ココロの健康管理」の二つがあります。順にお話ししていきますね。

急な腹痛におそわれたら…
──試験当日は薬を持参しよう

　まずは，カラダの健康管理についてです。
　さきほどお話ししたように，健康管理は積み重ねがモノをいいます。1日や2日で，目にみえて改善されるというものではありません。とくにカラダの健康については，それが顕著にいえます。
　しかし，入試直前はとくに気をつけなければならないことがあります。前日の食事です。
　代表的な例としては生モノ。おなかをこわす可能性があるからです。試験前日は，お刺身などの生モノは極力控えましょう。

　☺ミノリ：家族が「必勝祈願」とかいって，前日の晩ご飯にお寿司をとってくれっちゃったりしたら，どうすればイイでしょう…

　なんてステキなご家族なんでしょう！　いきなり矛盾しちゃいますけど，私だったら食べちゃいますね（笑）
　ご家族がせっかく気づかってくれてるんですから，喜んで食べるべきだと思います。ムリに避けるほうが，精神衛生上よくない気がしますよ。

　☺ミノリ：でも，試験当日の朝とか，会場に行く途中でおなかが痛くなっちゃったら…？

　前日の食事に関係なく，緊張でおなかが痛くなっちゃう人もいるでしょう。そういうリスクも想定して，市販の腹痛・下痢止め薬（整腸剤っていいます）を用意しときましょう。家を出るときは痛くなくても，念のためかばんに入れておけば，万一の場合も安心です。
　アクシデントはなにも腹痛だけではありません。頭痛が出るかもしれません

し，急に歯が痛くなるかもしれません。

　緊張すると頭痛が出やすいとか，軽度の虫歯があるとか，なにか心配なことがあれば，応急処置用に市販薬を準備しておくといいでしょう。

メンタルがやられそうなときに効く5つのサプリ
——ココロはただ鍛えればイイってもんじゃない

　次に、精神、つまりココロの健康管理についてです。
　カラダの健康と同じくらい、もしかしたらそれ以上に重要なのが、メンタルです。いくらカラダが元気でも、ココロが病んでいたら前には進めません。

　😟ミノリ：たしかに〜。最近は受験以外にも、恋愛とかいろいろ悩みごとがあって、もう心が折れそうです…（泣）
　😊ハヤト：ぼくも、スグ精神的に参っちゃうタイプなんで、もっとメンタルをたくましくしたいです。

　わかりますわかります。でも、自分でも神経質だなとか、気が小さいなと思う人は、ムリしてたくましくしようとすると逆効果になったりしますから、注意してください。**メンタルは、鍛えればイイってもんじゃないんです。**自分のココロと向き合って、うまく付き合っていくことがたいせつです。なにかでメンタルを酷使したら、そのぶんいたわってあげないとダメですよ。
　「自分にキビしく」っていうのは、聞こえはいいけど、やりすぎるとボロボロになっちゃいます。メンタルはいちど壊れるとすごくやっかいですから、いつも自分の心の声をよく聞いて、気づかってあげましょう。「鍛える」っていうより、「整える」イメージですね。
　ココでは、メンタルがやられそうになったときに効く、とっておきのサプリをお教えしましょう。

⚠ ココロのサプリ① おいしいものを食べる

　「腹が減っては、戦はできぬ」。気分が落ちこんだときは、なんたっておいしいものを食べるのがいちばんです。へコんだときは、ラーメン、焼き肉、お寿

司…などなど，栄養バランスなんかはとりあえずわきにおいて，あなたの好物を食べてください。

😊タケシ：たしかに，おいしいものを食べると，なぜかとたんにイライラがおさまったりしますよね。

でしょ？　もちろん，ストレスのあまり暴飲暴食するのはよくありません。それと，ふだんから美食ざんまいの生活だと，あまり効果は期待できません。
　たまにだからこそ，効き目があるんです。ここぞってときには，いつもよりちょっとぜいたくしちゃいましょう！

⚠ ココロのサプリ②　よく寝る

　グッスリ眠ることも，精神面の健康にとってはすごく重要です。

😊ハヤト：昔から，「寝る子は育つ」っていいますもんね。
😐ミノリ：私，1日6時間以上寝てるんですケド，いまひとつ気分がスッキリしないんですよね〜

　そうですか…まあ，睡眠のリズムは人によってちがうので，ミノリさんの場合は，もう少し長く寝たほうがいいのかも。あるいは，もしかしたら眠りが浅いのかもしれないですよ。
　ちょっと思いかえしてみてください。起きたときに，「あ〜よく寝た」って思えてますか？

😊ミノリ：そういえば，そんな気分になることって，あんまりないですね。私の場合，「眠る」っていうんじゃなくて，ただ「寝る」って感じかも。

「夜の睡眠を改善しなきゃ！」みたいに思いつめると，こんどはそれがストレスになっちゃいますから，まずは時間関係なく，眠いな〜と思ったときにサクッと寝るようにしてみましょう。**必ずしも長く眠る必要はありません**。ちょっとした空き時間に，**20分ていど昼寝するだけでもイイんです**。ただし，そのときは**深い眠り**を心がけましょう。時間が短くてもぐっすり眠れば，アタマもカラダもリフレッシュできます。

⚠ ココロのサプリ③ 趣味に没頭する

ストレスの蓄積は，ココロはもちろん，カラダにも毒です。「受験生だから遊んじゃダメ」なんて精神論は，とっくの昔に古びちゃってます。いまだにそういう根性論を信じてる人がいますけどね。

☺ タケシ：よく，「デキる人は遊び上手」みたいにいいますよね。

それ，ホントなんです。**デキる人ほどよく遊び，よく学んでます**。適度な気分転換は，メンタルの潤滑油になります。

一般に運動はイイ気分転換になるといわれてますが，必ずしもスポーツである必要はありません。音楽でも読書でも，なんでもイイんです。煮詰まったな〜と思ったら，好きなことをしてください。

ただし，**やる時間を決めておく**こと。1時間なら1時間，そのあいだはゲームなりマンガなり，やりたいことに没頭するんです。

要は，決めた時間を守る，すなわち時間管理を徹底することで，**ONとOFFの切り替え**さえしっかりやればイイんです。それができれば，受験生だって気晴らししてイイってことです。「受験なのに遊んじゃった」なんて，罪悪感を抱く必要はありません。うまく息抜きすれば，イイ結果にもつながります。

☺ ハヤト：ONとOFFの切り替えかぁ〜。メリハリをつければ，遊んでもイイん

ですね！

⚠️ ココロのサプリ④　自分以外のなにかのせいにする

　みなさん，ものごとがうまくいかない原因を，「すべて自分の責任だ」って思おうとしてませんか？

　😣ミノリ：え⁉　イヤなことや，うまくいかないことがあっても，ゼッタイ他人のせいにしちゃイケない…コレ，正しいですよね？

　うん，ココロがまえとしては，非常にりっぱだと思います。ですが，例外もあります。大きな壁を乗り越えなきゃならないときは，逃げること，自分以外のなにかのせいにして，自分を正当化することも一つの手なんです。
　「人のせいにしちゃイケない！」と自分にプレッシャーばかりかけてると，そのうちメンタルがボロボロになっちゃいます。

　🙂タケシ：責任感をもたなきゃっていう気持ちが強すぎると，それが重圧になっちゃって，逆に考えすぎちゃったり，ふさぎこんじゃうってことですね。

　そう。いつも自分を責めてばかりいたら，そうなっちゃう可能性大です。重要なことなんでくりかえします。**逃げることは悪いことじゃありません。**
　コレ，メンタルを守るうえで，とってもたいせつなマインドです。

⚠️ ココロのサプリ⑤　仲間に相談する

　世間じゃ，よく「勝ち組・負け組」なんてことがいわれます。
　でも，私はこのテの話にはあんまり興味がありません。というか，「なにソレ」って感じですね。

😊ハヤト：えー，なんでですか⁉ ダレだって負けたくないじゃないですか。

なるほど，受験生なら，だれしも「合格組」になりたい。そりゃそうですよね。私だって，塾生たちが志望校に合格できるように指導するのが仕事ですから，「合格組」をどんどん増やしたいのはヤマヤマです。
　でも，「勝ち組」だの「合格組」だのって，しょせんは他人とか世間の基準ではかったものでしょう？　一人の人間にとって，もしなにか意味のある「組」があるとすれば，**うれしいこともつらいこともわかちあえる仲間**のほうが，ずっとだいじじゃないですかね。

😊タケシ：仲間かぁ…「友だち」とはちがうんですかね？

そうですね，かなり重なってますけど，「仲間」のほうが，**志や目的を共有する，理解しあう**って意味が強いです。みなさんの場合で考えると，行きたい大学が同じとか，進みたい研究分野が似てるとか，将来の夢や志をわかりあえる人たちが，「仲間」にあたると思います。友だちは，そういうことにかかわらず友だちでしょ？　興味や関心が重なってなくても，友だちは友だち。でも仲間は，夢や志を理解しあえないとなれません。
　そして，一方的に助けてもらってるとか，相手のいいなりになるんじゃなくて，困ってるときには喜んで支えあうし，いつも対等。そういう関係が，一生涯の財産となる「仲間」です。受験で煮詰まったときも，一人で悩まず，そういう仲間に相談してみてください。話しあってもすぐに答えはでないかもしれませんが，少なくとも**気持ちは軽くなるはず**です。
　だいたい，ちょっとキツいいいかたですけど，「おめでとう！」って祝ってくれる仲間もいない受験に，いったいどんだけの価値があるのか，って話です。受験の最中は，とにかく入試を突破することでアタマがいっぱいでもムリないと思います。けど，「大学合格が人生の目的だ！」なんて人はいないでしょう？

入学したあとの長い人生をかけて，夢や志を実現していくわけです。そのとき，ダレもまわりにいなかったら，かなりさびしい人生ですよ。

　夢も志も，自分だけではなりたちません。仲間がいない，仲間をたいせつにできない人は，共感を呼ぶこともできないからです。

　受験が終わったあとも，みなさんの人生は続くんです。仲間はそのあいだずーっと，あなたの心の支えになってくれます。いっときの勝ち負けなんかより，そのほうがずっと価値があるでしょう？

　みなさんもどうか，他人基準の「勝ち組」よりも，仲間や志をたいせつにする「**価値組**」をめざしてください。

　さてさて，これでココロのサプリの話は終わりですが，いかがでしたでしょうか？

　😊タケシ：正直，「おいしいものを食べる」とか「快眠」とかは，まあフツウだなって思いましたけど…「なにかのせいにする」と「仲間」の話は，けっこうオドロキでした。ココロがポッキリ折れそうなときは，あれこれ試してみます！

「神は乗り越えられる試練しか与えない」。

　コレ，新約聖書にでてくる言葉です。神様がいるかどうかはさておき，たしかにその通りです。壁にぶちあたったとき，最初は「こんなのゼッタイムリ〜」って思っても，あれこれやってるうちに，いつのまにか越えてた，ってことはよくあります。

　ただし，受験も人生も，壁の連続・試練の連続ですから，ガムシャラにやるだけじゃ息切れしちゃいます。

　忘れないでくださいね，ココロは「鍛える」じゃなく，「整える」です。自分のココロの声をよく聞いて，メンタルをコントロールする力をつけましょう。ヘこんじゃったときは，ここでお話しした5つのサプリで，ココロを励ましてあげてください。

★Memo★
　4時間目で気づいたことや気になったことがあれば，ぜひメモしておいてください。

夕礼
成功の反対は,「失敗」じゃなく○○
～あなたがなにもしなかった今日は,
だれかが願っても叶わなかった明日～

　これで,今回の授業は終わりです。みなさん,お疲れさまでした！

　☺ハヤト：楽しく学べたんで,なんか,あっという間に時間が過ぎてった気がします。

　うれしいこといってくれますね。ありがとうございます！
　内容はどうでしたか。なにか気になったこと,感じたことはありましたか？

　☺ミノリ：授業を受ける前は,AO入試・推薦入試って,特殊でむずかしいことをしなくちゃイケないのかなって思ってたんですが,そんなことなくてホッとしました。

　その通り。私がもっとも伝えたいことは,つかい古された言葉ではありますが,AO・推薦入試も**「キホンがだいじ」**ってことなんです。
　いつの時代も,どんなときも,人やものごとの本質は変わりません。迷ったとき,困ったときは,いつでもこのキホン（黄本）に立ちもどってください。

ところで，朝礼でだした問題，覚えてますか？
成功の反対は，失敗じゃなく「〇〇」っていうアレ。
答えはでたでしょうか？
この授業を受け終えたみなさんなら，もうわかるはずですね。

☺タケシ：「チャレンジしないこと」…ですよね？

そう！ **成功の反対**は，失敗じゃなく，「**なにもしないこと**」なんです。
　人間だれしも，むずかしいこと，やっかいなことを先延ばししちゃうものです。それに，ムチャなチャレンジをしなければ失敗もしないので，無難な人生がおくれるかもしれません。でも，ほんとにそれでいいんでしょうか。
　アメリカのハーバード大学の図書館の壁には，「あなたがムダにした今日は，どれだけの人が願っても叶わなかった未来である」（Today you wasted is tomorrow loser wanted.）っていう格言が書いてあるそうです。ハーバードは世界でも指折りの難関大学ですし，学費もめちゃ高いので，入りたくても入れない人がゴマンといる。だから，入れた者はさぼらず勉強しなきゃいけない，って意味です。
　私はこれをちょっとだけいじって，みなさんにこういいたいと思います。
　「**あなたがなにもしなかった今日は，だれかが願っても叶わなかった明日である**」。
　大学に進学したくてもできない人たちがいます。病気や事故で，あるいは戦争や紛争で未来を絶たれた人たちがいます。生きてなにかをすることは，それだけでものすごく大きな価値があるんです。このことを，どうか忘れないでください。
　将来が不安，受験のためになにをすればイイか…そう悩んでるのであれば，まずは，**いましかできないことを一生懸命にやってみてください**。いまこの瞬間はすでに過去。もう二度ともどってはきません。この１秒１秒が，あなたの将来をつくりあげていきます。

入試に落ちたって，なにも死ぬわけじゃありません。一度や二度の失敗で人生は終わらないんです。失敗を恐れて，「アレはダメかな？ これもやっちゃダメかな？」と自分にストップをかけるぐらいなら，思う存分チャレンジして，どんどん失敗してください。そこから学ぶことができれば，それは失敗じゃなく，「成功」と呼べるものになるはずです。

⌛ おわりに ⌛

　ここまでおつきあいいただき，ありがとうございました。

　この授業を「本」という形でみなさんに届けようと思ったきっかけは，ひとりの受験生との出会いでした。
　彼もご家族も，KOSSUN 教育ラボへの入塾を希望してくれていたのですが，ある事情でそれが叶いませんでした。彼に対して，自分になにかできることはないだろうか──そう考えた結果，この「紙上授業」が生まれたのです。
　ですから，まずは彼に，本書とともにエールを送りたいと思います。人生にはさまざまな制約があります。しかし，最後まで希望を持って，工夫しながら進むことがたいせつです。Do your best！

　あらためまして，最大限の感謝をこめて，私を支え，今日まで導いてくれた方々へ，この場を借りてお礼を申し上げます。
　この授業でお伝えした考え方などは，完全に私のオリジナルというわけではありません。多くの方々の影響のもとに生まれ，育まれたものです。
　とくに，私をいつも長い目で温かくご指導くださっている指導教官，横浜国立大学大学院環境情報研究院の野口和彦先生には，多大なご支援をいただいています。しかしもちろん，この授業の内容に関するいっさいの責任は私にあります。
　また，本書をつくるにあたって，私のわがままを聞いてくださった新評論代表取締役社長の武市一幸氏，編集部の吉住亜矢氏に感謝申し上げます。
　そして，KOSSUN 教育ラボの塾生のみなさん。この授業は，みなさんとともに歩んだ日々の積み重ねでできています。一人ひとりお名前を記すことはできませんが，厚く御礼申し上げます。ほんとうにありがとうございました！
　みなさんの成長が私の支えでもあります。これからもともに，さまざまなこ

とにチャレンジしていきましょう。

　最後に，私を私生活の面で支えてくれている家族に感謝します。いつもありがとう！

　本書を閉じた瞬間が，あなたにとっての新たなスタートになればうれしいです。
　では，こっすんでした。

2016年 初春

御殿山の教室から
KOSSUN教育ラボ 代表

小杉樹彦

↓↓↓ 白熱教室の続きはコチラから！↓↓↓

AO・推薦入試専門塾 KOSSUN教育ラボ

「KOSSUN教育ラボ」の特徴

① 業界最高峰のプロ講師陣
② 完全1対1の個人指導
③ 志望校別合格プロジェクト
④ 選べる2タイプの受講形態
⑤ 回数無制限のメール相談＆添削
⑥ 教育特区が誇る最先端設備
⑦ 業界初の入学前教育フォロー

　「生徒一人ひとりをたいせつにした，理想の塾を作りたい」との思いから，2012年に小杉樹彦の総合プロデュースで開設されたAO・推薦入試指導の専門塾。代表を務める小杉の愛する地元，品川区御殿山に教室を構える。

　創業当初から，入試の枠組みにとどまらず「人生をより良くすること」を指導のモットーとする。小杉が一人ではじめたプライベートスクールだったが，その熱血指導でまたたくまに受験生，保護者の間に口コミが広がり，現在では，北は北海道から南は沖縄まで，全国から入塾希望が殺到している。地方在住の受験生に対してはSkypeによる指導も行っているが，「直接指導を受けたい」と，沖縄から飛行機で通塾する者がいるほどの熱狂的なファンを数多く抱えている。

　入塾希望者には必ず個別面談を受けてもらう（遠方の場合はSkypeによる電話面談，いずれも無料）。そのさい，現在の学力・実力は問わず，人間性や潜在力を重視する。入念な話し合いを通じて，小杉の教育理念に強く共感した方のみ入塾してもらっている。

　上記の特徴のうち，とくに「プロ講師」「定員制」「マンツーマン指導」を貫くことで，半年以上のキャンセル待ちが出るほどの「知る人ぞ知る」人気塾となっている。

　公式HP：http://www.kossun.jp/

巻末付録

大学・学部別
AO・推薦入試の概要

AO・推薦入試を考えている受験生と保護者の方々のために，
人気の高い大学・学部の募集概要をまとめました。ぜひ参考にしてください。
ただし，受験にあたっては，必ず事前に
各大学・学部のサイトなどで最新情報を確認してください。

早稲田大学

【学部名】政治経済学部(AO方式による総合選抜入試)
【募集人数】50人
【卒業年次】現役・浪人を問わない
【学部概要】早稲田大学の看板学部の一つです。政治学・経済学の基礎から専門までを段階的に学べるカリキュラム編成となっています。また,学ぶ意欲が高い1年生に対しては,専門科目を早期から履修できるように配慮されています。

【学部名】国際教養学部(AO入試)
【募集人数】125人
【卒業年次】現役・浪人を問わない
【学部概要】グローバル化のもと,変化の激しい社会環境を生き抜くために,自ら問題を発見し,解決していく「問題解決能力」を習得することを目標としています。そのため,学びの段階を「①テーマ選定と語学力の習得(第1～3セメスター:入学時～2年次前半)」,「②海外留学でテーマを研究(第4～5セメスター:2年次後半～3年次前半),「③研究テーマの深化(第6～8セメスター:3年次後半～卒業まで)」の3つに分け,段階的に学習研究ができるカリキュラムを編成しています。また,グローバルスタンダードに即した教育環境を整えていることも特色の一つです。講義は英語でおこなわれ,多くの留学生とともに学ぶため,国際的な議論を通じて多様な視点を身につけることができます。

早稲田大学早稲田キャンパス(2014.11.2 撮影:Kakidai)

慶應義塾大学

【学部名】総合政策学部(AO入試)
【募集人数】100人
【卒業年次】現役・浪人を問わない
【学部概要】21世紀の世界の問題を発見・解決して社会を先導する「政策のプロフェッショナル」を育成します。100以上もの専門領域の研究会(ゼミ)を軸に,1年次から理論と実践に取り組みます。そこで幅広い視野と得意領域を身につけ,「なにが問題かを考え,解決方法を創出する」人材の育成をめざしています。

【学部名】環境情報学部(AO入試)
【募集人数】100人
【卒業年次】現役・浪人を問わない
【学部概要】生命,心身の健康,環境とエネルギー,デザイン,メディア等の新たな課題に対して,先端サイエンスをはじめとした学際的アプローチを強みに,21世紀グローバル情報社会を創造する人材の育成をめざしています。

【学部名】文学部(自主応募推薦入試)
【募集人数】120人
【卒業年次】現役のみ可
【学部概要】125年の歴史を誇る伝統ある学部です。17の多様な専攻・必修科目に加え,専攻以外の科目も興味に応じて自由に履修することができます。多彩な講師陣による基軸講義のほか,各界の第一人者を招いた講義もおこなわれています。こうした教育環境の中で「一専多学」をめざし,専攻分野に根ざしながら広い視野に立った総合的思考力を養っています。

慶應義塾大学湘南藤沢キャンパス (2012.12.1 撮影:KK 2535)

上智大学

【学部名】国際教養学部（公募制推薦入試）
【募集人数】39人
【卒業年次】現役のみ可
【学部概要】すべての講義が英語でおこなわれます。さらに，アメリカ型リベラル・アーツ教育をモデルに，特定の分野で研究を重ね，専門性を高めます。専門分野を2年次後半に決定するのが特徴で，入学後1年半はさまざまな分野の基礎科目を学ぶことができます。

【学部名】総合人間科学部（公募制推薦入試）
【募集人数】66人
【卒業年次】現役のみ可
【学部概要】カトリックの精神に基づく人間観に加え，国際的視野，人と社会を総合的な観点から考察する能力を習得し，人間支援のための実践や運営に関わるデザイン・政策形成に貢献できる人材の育成をめざしています。学科は教育学科，心理学科，社会学科，社会福祉学科，看護学科に分かれていますが，学部共通科目をはじめ，他学科の科目も履修しやすいように配慮されています。また，1年次から少人数教育を実施している点も特長の一つです。

上智大学四谷キャンパス（2013.4.19 撮影：John Paul Antes）

国際基督教大学（通称 ICU）

【学部名】教養学部（AO 入試）
【募集人数】40 人
【卒業年次】現役・浪人を問わない
【学部概要】文学，経済学，法学，政治学，生物学，数学，言語学，教育学，心理学等，30 あまりの専修分野と，日英バイリンガルで学ぶリベラルアーツ教育により，世界で活躍できる素養を身につけることをめざしています。「なにをどう学ぶのか，自分で意思決定し，学んでいくこと」が，ICU ならではのリベラルアーツ教育です。入学後の講義は，ディスカッション・対話を中心に進められるものが多く，学生の積極的な参加が求められます。

国際基督教大学（2013.4.19 撮影：John Paul Antes）

明治大学

【学部名】商学部（公募制特別入試）
【募集人数】25人
【卒業年次】現役のみ可
【学部概要】2年次より，商学の専門知識を学ぶ商学専門演習と，深い教養を学ぶ総合学際演習の2つのゼミを同時に履修することができます。2つの異なる分野の演習を3年間にわたって深く学習することで，世界を舞台にビジネスの最前線で活躍できる，専門知識と人間力を備えた人材の育成をめざします。

明治大学駿河台キャンパス（撮影：VM II）

青山学院大学

【学部名】地球社会共生学部(自己推薦入試)
【募集人数】25人
【卒業年次】現役のみ可
【学部概要】地球規模の視野と共生マインドを持ち,高い倫理観を備えたグローバル人材の育成をめざしています。ネイティブ・スピーカー教員による英語授業や,全学生必修のフィールドワーク型海外留学など,グローバルに活躍するための多彩なプログラムが用意されています。また,学生一人ひとりの興味やめざす進路に応じて講義を選べるオーダーメイド型のカリキュラムを採用しており,共通科目のほか,「コラボレーション領域」「ビジネス領域」「メディア/空間情報領域」「ソシオロジー領域」の4つの専門領域の各講義を自由に組み合わせた学生オリジナルのカリキュラムで,専門性を高めることができます。

青山学院大学相模原キャンパス(2010.5.15 撮影:蒼井爽)

立教大学

【学部名】異文化コミュニケーション学部（自由選抜入試）
【募集人数】10人
【卒業年次】現役のみ可
【学部概要】多民族・多文化が共存する社会のなかで，コミュニケーションによって諸問題を解決することのできる人材を育成します。そのために「複言語主義」の考え方を日本で最初にとりいれました。少人数クラスや海外留学を通じて，日本語，英語につづく第三の言語の能力，およびコミュニケーションスキルを強化したうえで，各言語についての理解を深め，多文化共生の課題に積極的に取り組む力を身につけます。

【学部名】観光学部（自由選抜入試）
【募集人数】10人
【卒業年次】現役のみ可
【学部概要】「立教の観光」として有名です。観光に関する総合的・体系的な視点を身につけ，世界的に観光産業をリードする人材を育成します。観光学科では，新しい観光産業の担い手と地域振興のリーダーを育成します。文化交流学科では，地域研究をもとに多文化への視点を養い，その状況下で交流の実をあげうる国際的人材の育成をめざしています。学生支援制度としては，海外との学部間提携や国際交流プログラムが充実しています。

【学部名】コミュニティ福祉学部（自由選抜入試）
【募集人数】45人
【卒業年次】現役のみ可
【学部概要】コミュニティの形成に貢献し，福祉だけでなく社会のあらゆる分野で活躍できる人材の育成をめざしています。コミュニティ政策学科では，地域社会の生活を豊かにする「コミュニティ形成」に貢献する人材を育成し，人々がともに強く生きるための基盤づくりをめざします。福祉学科では，質の高い福祉の保障と，福祉社会の形成を担える人材の育成をめざし，総合学としての社会福祉を学びます。スポーツウエルネス学科では，スポーツを通じて「健康」と「福祉」に携われる人材を育成します。

【学部名】現代心理学部（自由選抜入試）
【募集人数】30人
【卒業年次】現役のみ可
【学部概要】「心」「身体」「環境」の相互関係のなかで人間を追究し，現代人のさまざまな心の動きを探究します。心理学科では，心を科学し，心を育て，心の知を探求します。映像身体学科では，「人間とはなにか」を探求し，身体と映像をめぐる新しい思考と表現をめざします。また，臨床心理士，産業カウンセラーなどの資格取得をめざすことができます。

立教大学池袋キャンパス（2014.1.1 撮影：ペン太）

法政大学

【学部名】キャリアデザイン学部（自己推薦入試）
【募集人数】15 人
【卒業年次】現役・浪人を問わない
【学部概要】「キャリア」を，職業を含めた「人の生涯・生き方」と広義の意味でとらえています。専門領域としては，人のキャリアが築かれるさまざまな環境に対応した「生涯学習社会」（発達・教育キャリア），「産業社会」（ビジネスキャリア），「生活の場」（ライフキャリア）の 3 領域があります。これらの学びのなかで，自身のキャリアを自律的・主体的にデザインする力を身につけると同時に，他者のキャリア形成をさまざまな形で支援するスキルを獲得します。

法政大学市ヶ谷キャンパス
（2009.8.16 撮影：オレンジトダッコ）

関西大学

【学部名】法学部（AO 入試）
【募集人数】25 人
【卒業年次】現役・浪人を問わない
【学部概要】グローバルな視野と法的な思考を養い，多分野で活躍する人材の育成をめざしています。4 年間を通して少人数教育を重視し，学生がレポートや討論によって主体的に参加するゼミナール形式の講義が展開されます。また，学生の多様な進路や目標に応じ，各自がオーダーメイドで履修プランを組み立てられるよう，科目選択の自由度が高いカリキュラムが用意されています。

関西大学千里山キャンパス
(2006.10.15 撮影：鉄虫。the poster)

同志社大学

【学部名】商学部(AO入試)
【募集人数】20人
【卒業年次】現役・浪人を問わない
【学部概要】ビジネストレンドの先を見通し,見識あるビジネスリーダーとして国際舞台で活躍できる人材の育成をめざしています。2013年度以降,1年次から4年次まで通年で今出川キャンパスとなったことで,従来よりも体系的で一貫性のある教育が受けられるようになりました。入学後は,「商学総合コース」と「フレックス複合コース」のいずれかのコースで学ぶことになります。

同志社大学今出川キャンパス(2014.3.29 撮影:Felix F)

立命館アジア太平洋大学

【学部名】国際経営学部（AO入試）
【募集人数】70人
【卒業年次】現役・浪人を問わない
【学部概要】世界で通用する語学力とマネジメント力を身につけ，グローバル化する企業・組織における経営上の諸問題を解決する人材の育成をめざしています。国際的企業のトップや各界のリーダーを外部講師として招く講演会は，学生にとってキャリアアップのヒントが得られる貴重な機会として好評を得ています。

立命館アジア太平洋大学（2006.10.19 撮影：JKT-c）

筑波大学

【学部名】情報学群（AC 入試*）
【募集人数】17 人
【卒業年次】現役・浪人を問わない
【学部概要】知識と情報の記録，蓄積，共有，加工，利用といった諸活動に関わるさまざまな情報技術と，その基礎となる科学を学ぶだけでなく，情報技術の活用によって展開される人間の知的活動とその社会的・文化的基盤を十分に理解し，将来の情報環境を創造する人材の育成をめざしています。「情報科学類」「情報メディア創成学類」「知識情報・図書館学類」の 3 つに分かれており，それぞれ情報学，メディア学，図書館情報学を学ぶことができます。

　＊　筑波大学では，AO 入試のことを「AC 入試」（アドミッション・センター入試）と呼んでいます。

筑波大学筑波キャンパス（2007.11.17　撮影：Kanrika）

横浜国立大学

【学部名】経営学部（推薦入試）
【募集人数】34 人
【卒業年次】現役のみ可
【学部概要】時代の流れに対応した先進の研究体制により，世界で活躍できる有能な社会人の育成をめざしています。経営学科では，企業と環境を重視した科目が置かれ，統合的・体系的に学ぶことができます。会計・情報学科では，会計学の基礎から応用までを広くかつ体系的に学習できます。また，企業が求める公認会計士，税理士，証券アナリストなどの専門職の養成にも力を入れています。経営システム科学科では，経営学，会計学のみならず，数学，統計学などの幅広い分野を学ぶことができます。さらに，経営システム論などの科学的意思決定理論と，経営情報システム論などの経営資源配分問題の双方からアプローチします。国際経営学科は，経営学の基礎理論をふまえて，内外の最新の専門知識を体系的に修得し，国際経営の一般的側面・特殊的側面からの研究を進めることができます。

【学部名】教育人間科学部
【募集人数】32 人
【卒業年次】現役のみ可
【学部概要】社会や文化の環境の変化についての理解にもとづき，現代の社会が求めるグローバルなコミュニケーションの新たなスタイルを生み出し，その支援に携われる人材の育成をめざしています。課程は「学校教育課程」と「人間文化課程」の2つに分かれています。

横浜国立大学（中央図書館 2010.9.5 撮影：On-chan）

著者紹介

小杉樹彦（こすぎ・たつひこ）

AO・推薦入試専門塾「KOSSUN教育ラボ」代表。
1986年4月7日，東京都港区生まれ，品川区育ち。血液型O型。慶應義塾大学大学院メディアデザイン研究科修了。
小学生のころから学級新聞を発刊するなど，文章を書くことが大好きな少年だった。その後，学生時代に塾講師のアルバイトを始めたことがきっかけで講師の道に入る。以来，一貫して教育業界に従事。講師デビュー当初は「自分でわかること」と「生徒に教えること」のちがいを痛感させられるも，生徒の視点に立った指導を試行錯誤し，メキメキと頭角を現す。熱いキャラクターが話題を呼び，またたく間に人気講師となる。
大手進学塾講師時代には「こっすん」の愛称で親しまれ，生徒・保護者からの指名数No.1に輝く。延べ1000人以上の受験生を指導するなかで，「合格後」を見据えた独自のスタイルを確立。5年連続で第一志望校合格率100%の偉業を達成。全国から入塾希望者，取材，講演，執筆依頼が殺到する。
しかし，専門学校や予備校で教鞭を執るうちに，次第に集団授業の形式に限界を感じるようになる。「もっと生徒一人ひとりをたいせつにしたい」との思いから，定員制・完全マンツーマン指導のAO・推薦入試専門塾「KOSSUN教育ラボ」を立ち上げる。塾長として理想的な教育を追求しながら，毎年志高い合格者を輩出している。
著書：『もうひとつの大学入試 AO入試のバイブル あおAO本』（ごま書房新社，2010），『現役カリスマ慶應生の受験スランプ脱出作戦』（エール出版社，2011）。

AO・推薦入試の黄本
受験でも人間関係でも要になる人生の4つのキホン

2016年3月15日　初版第1刷発行

著　者　小杉樹彦

発行者　武市一幸

発行所　株式会社　新評論

〒169-0051　東京都新宿区西早稲田3-16-28
http://www.shinhyoron.co.jp
電話　03（3202）7391
FAX　03（3202）5832
振替　00160-1-113487

定価はカバーに表示してあります
落丁・乱丁本はお取り替えします

装丁　山田英春
印刷　神谷印刷
製本　中永製本所

Ⓒ 小杉樹彦　2016

ISBN978-4-7948-1031-1
Printed in Japan

JCOPY　〈(社)出版者著作権管理機構　委託出版物〉

本書の無断複写は著作権法上での例外を除き禁じられています。複写される場合は、そのつど事前に、(社)出版者著作権管理機構（電話 03-3513-6969, FAX 03-3513-6979, E-mail: info@jcopy.or.jp）の許諾を得てください。

好評既刊

和田秀樹
新・受験技法　東大合格の極意
最新データ＆ウラ情報満載！《受験の神様》和田秀樹と現役東大生の徹底解析に基づく最強・最速・最新の必勝プラン！

四六並製　350頁　1800円　**毎年4月下旬 新年度版発行**

菅原　智
未来を変える受験勉強
フリーターが独学で偏差値を「42」から「82」に上げた！やる気が出る勉強方法とサクセスシンキングで，あなたも夢を叶えよう！《日本一の講師》がおくる受験勉強のエッセンス。

A5並製　196頁　1600円　ISBN978-4-7948-0907-0

樋口裕一
新 大人のための
〈読む力・書く力〉トレーニング
東大・慶應の小論文入試問題は知の宝庫

「小論文の神様」直伝，ビジネスパーソン・社会人向けリテラシー＆ライティング実戦講座！

四六並製　246頁　1500円　ISBN978-4-7948-0796-0

D. ロスステイン＆L. サンタナ／吉田新一郎訳
たった一つを変えるだけ
クラスも教師も自立する「質問づくり」

あのドラッカーも重視していた「質問づくり」のスキルが身につく実践法をわかりやすく解説！

四六並製　292頁　2400円　ISBN978-4-7948-1016-8

＊表示価格：消費税抜本体価